Herbert W. Fischer

Die falsche Energiewende

Die fatalen Fehler der deutschen Energiepolitik

Herbert W. Fischer

Die falsche Energiewende

Die fatalen Fehler der deutschen Energiepolitik

DCV

1. Auflage 2023

Hinweis zu gendergerechter Sprache

In diesem Werk ist wie in allen Büchern des Verlages mit dem generischen Maskulinum wie zum Beispiel „Politiker", „Wissenschaftler", „Bürger" immer die sexusindifferente Bezeichnung gemeint, also alle (!) Geschlechter. Alle Abweichungen von dieser Regel werden sprachlich eindeutig gekennzeichnet, etwa durch Worte wie „männlich" oder „weiblich".

Auf Genderzeichen oder die Bezeichnung „(m/w/d)" wird aus Gründen der besseren Lesbarkeit völlig verzichtet.

Bibliografische Informationen der Deutschen Nationalbibliothek

Die Deutsche Nationalbibliothek verzeichnet diese Publikation in der Deutschen Nationalbibliografie; detaillierte bibliografische Daten sind im Internet über http://dnb.d-nb.de abrufbar.

Printed in the Federal Republic of Germany.

Gestaltung, Cover, Satz: DCV

Druck und Auslieferung: BoD

Gedruckt auf säurefreiem Papier.

Print ISBN: 978-3-98674-099-3

E-Book ISBN: 978-3-98674-100-6

Inhalt

Hinweis zur Schreibweise chemischer Formeln

In diesem Buch wird statt der korrekten wissenschaftlichen Schreibweise für chemische Formeln wie beispielsweise CO_2 stets die einfachere Schreibung CO2 verwendet, um die Lesbarkeit zu erhöhen. Die Wissenschaftler unter der Leserschaft mögen das verzeihen, für alle anderen wird der Text damit leichter lesbar.

Vorwort

Die aktuelle Energiepolitik Deutschlands basiert auf zwei fundamental falschen Annahmen:

Erstens: Wir – Deutschland – seien in der Lage, „das Klima zu retten“ und damit zu verhindern, dass die Menschheit ihre Lebensgrundlage verliert;

Zweitens: Wir könnten mit unserer Energiepolitik andere Länder zu Demokratie und Wohlverhalten erziehen und damit die Welt verbessern.

Das sind zweifelsohne hehre Ziele – aber beide stellen nicht die vordringliche Aufgabe der deutschen Energiepolitik dar.

Besser wäre es, wenn sich die Politik darauf konzentrieren würde, die Energieversorgung Deutschlands zu erschwinglichen Kosten zu gewährleisten. Denn genau diese leidet unter den ideologisch gefärbten Ansätzen zur Klimarettung und Weltverbesserung.

Diese Politik gefährdet nicht nur den Wirtschaftsstandort Deutschland, sondern hat zudem auch keine – jedenfalls keine positiven – Auswirkungen auf den Rest der Welt. 2022 wurde soviel fossile Energie verheizt wie nie zuvor – trotz des Wandels zur E-Mobilität in Deutschland und Europa. Und der Krieg Russlands gegen die Ukraine hat bis zum Erscheinen dieses

Buches auch kein Ende gefunden, weil wir kein russisches Gas mehr importieren. Die ohnehin fragwürde Wasserstoffversorgung aus Katar, die Deutschland mit einem Ersatz für fossile Brennstoffe am Laufen halten soll, hat den Wüstenstaat nicht daran gehindert, sich im Nahostkonflikt gegen Israel zu stellen – das Land, das von Deutschland politisch und moralisch aus historischen Gründen uneingeschränkt unterstützt wird.

Es geht also nicht nur darum, dass Deutschland mit seiner Belehrungs- und Weltverbesserungspolitik den Wohlstand des eigenen Landes aufs Spiel setzt, sondern es ist auch zu konstatieren, dass sie weltweit überhaupt nicht die von der Politik erwünschte Wirkung zeigt. „Die Welt wird nicht untergehen, wenn es um mehr als 1,5 Grad wärmer wird“, machte der seit Sommer 2023 Chef amtierende Chef des UNO-Weltklimarates deutlich – und erteilte damit dem Klima-Alarmismus eine klare Absage. Im nicht missinterpretiert zu werden: Selbstverständlich stellt der Klimawandel eine ernsthafte globale Herausforderung, der wir – die gesamte Menschheit – uns stellen müssen. Doch es trägt keinen Deut zur Verbesserung bei, wenn wir uns in Deutschland mit einer fatalen Energiepolitik selbst kasteien, statt an einem weltweit akzeptierten Weg mitzuwirken.

Im Grunde habe ich in diesem Buch nur das Unübersehbare aufgeschrieben – aber weite Teile der deutschen Politik scheinen es dennoch nicht zu sehen.

Herbert W. Fischer.

Wie wir unseren Planeten retten

Der Klimawandel als solches ist unbestritten. Die Streitfrage lautet vielmehr: In welchem Ausmaß verursacht der Mensch diesen Wandel, kann der Mensch das Klima überhaupt maßgeblich beeinflussen? Und noch konkreter: Welchen Einfluss kann Deutschland auf das Klima nehmen?

Der Urknall

Tatsächlich hat sich die Erde schon immer massiv gewandelt – nicht erst seit Menschengedenken, sondern schon lange, bevor an den Menschen überhaupt zu denken war.[1] Seit dem Urknall des Weltalls, den die Wissenschaft auf etwa 13,8 Milliarden Jahre zurückdatiert, ändert sich die Welt.[2]

Bei der Entstehung der Erde vor rund 4,8 Milliarden Jahren war sie eine heiße Kugel aus glühendem geschmolzenem Gestein, umgeben von heißen, ätzenden und giftigen Gasen. Die Erde torkelte förmlich durchs All, weil der stabilisierende Mond noch fehlte. Die Oberfläche war kahl und extrem heiß, weil sie unter Dauerbeschuss vagabundierender Gesteinsbrocken stand, die beim Einschlag eine enorme Hitze freisetzten. Meere aus Lava entstanden, der ungehobelte Klotz nahm allmählich die Gestalt eines glühenden Balls an.[3]

Schwermetalle wie Eisen und Nickel wanderten in die Tiefe und bildeten den gewaltigen Erdkern. Die Erde rotierte damals wesentlich schneller als heute, erst im Laufe der Zeit wurde sie gebremst, vor allem durch den späteren Einfluss des Mondes.

Auf Kollisionskurs zur Erde entsteht der Mond

Rund 70 Millionen Jahre nachdem die Sonne zum ersten Mal aufleuchtete, kam es zu einer Kollision: Ein Himmelskörper mit der Masse des Mars raste auf Kollisionskurs auf die Erde zu. Er schlug mit etwa 36.000 Kilometer pro Stunde auf unseren Planeten.

Doch es war nur ein schräger Aufprall, den die Erde überstand. Allerdings wurden große Teile des Erdmantels weggerissen und ins All geschleudert, die zusammen mit Überresten des Einschlagkörpers eine Gesteinswolke bildeten, die um die Erde kreiste. Teile aus dieser Wolke verdichteten sich zu einem größeren Brocken, dem Mond, der seitdem von der Erdanziehung auf einer dauerhaften Umlaufbahn gehalten wird.

Der Mond wird indes nicht nur von der Erde angezogen, sondern auch umgekehrt: Die Anziehungskraft des Mondes sorgt dafür, dass die Erdrotation allmählich abgebremst wird. Das führt dazu, dass die Tage alle 40.000 Jahre um eine Sekunde länger werden. In ferner Zukunft wird die Sonne nur noch einmal pro Mondperiode aufgehen, ein Tag also gut einen Monat lang dauern.[4] Die daraus zu erwartenden Auswirkung auf unseren Globus und vor allem die Menschheit sind absehbar katastrophal. Es bleibt zu hoffen, dass wir mit unserer Technologie bis dahin soweit sind, uns davor zu schützen – sofern wir Menschen bis dahin überhaupt noch existieren. Doch das sind Zeiträume – alle 40.000 Jahre um eine Sekunde längere Tage – die von den seit einigen Jahren schwarzgemalten Katastrophenszenarien Lichtjahre entfernt sind.

Der Wald stirbt seit 1981, das Klima seit 1986

Im Sommer des Jahres 1981 veröffentlichte das deutsche Nachrichtenmagazin *Der Spiegel* ein Titelbild, auf dem rauchende Fabrikschornsteine einen dürren, verkrüppelten Wald überragen. Seitdem war ein Begriff geprägt: Waldsterben – und die Ursache war ebenfalls ausgemacht: der saure Regen.[5]

Das Wort „Waldsterben" machte international Karriere, als „le Waldsterben" in Frankreich und „The Waldsterben" im angelsächsischen Sprachraum.[6] Eingetroffen ist das prognostizierte Waldsterben nirgendwo, jedenfalls nicht in nennenswertem Umfang. Mehr als 35 Jahre später muss man feststellen: Die angesagte Katastrophe ist ausgeblieben. Allerdings steht der Wald heute vor neuen Problemen wie dem Klimawandel und der Trockenheit.[7]

Nochmals *Der Spiegel*: Im Jahr 1986 zierte ein von Wassermassen umspielter Kölner Dom das Titelbild des deutschen Nachrichtenmagazins. Darunter der Titel „Die Klima-Katastrophe" und die Begründungen „Ozon-Loch. Pol-Schmelze. Treibhaus-Effekt. Forscher warnen". [8] Beinahe alle großen Leitmedien, heute würde man sagen die Mainstream-Medien, waren sich einig: Die Polkappen werden schmelzen und zu einem Anstieg des Meeresspiegels um mehr als sieben Meter binnen 25 bis 30 Jahren führen. Wer rechnen kann, wird feststellen:

Dieses Szenario müsste längst eingetreten sein. Wer also den heutigen Klimapropheten eine gehörige Portion Skepsis entgegenbringt, kann ohne weiteres auf Erfahrungen aus der Vergangenheit verweisen. Wohlgemerkt: Das ist kein Argument gegen mehr Umweltbewusstsein, aber es verdeutlicht, dass die Katastrophen keineswegs so rasch daherkommen, wie es in der Klimahysterie häufig dargestellt wird.

Achterbahnfahrt durch die Erdgeschichte

Unternehmen wir eine kurze Zeitreise durch die Erdgeschichte, die in vielerlei Hinsicht einer Achterbahnfahrt gleicht. So ist die Antarktis in den letzten 3,5 Millionen Jahren gleich mehrmals aufgetaut und wieder zugefroren.[9] Das Kohlendioxid (CO2), der „Bösewicht" in unserer heutigen Klimadiskussion, kletterte vor einer halben Milliarde Jahren auf schwindelerregende 28 Prozent Anteil an der Atmosphäre, bevor es in einer Reihe von dramatischen Stürzen wieder abfiel. Während dieser Reise ist der Sauerstoffanteil in der Atmosphäre vor 300.000 Jahren auf 30 Prozent gestiegen, dann vor etwa 200.000 Jahren auf zwölf Prozent gefallen und schließlich allmählich wieder auf die heutigen 21 Prozent geklettert.[10]

Glaubt man den wissenschaftlichen Erkenntnissen, so kam es mindestens viermal in der Urgeschichte zu ausgedehnten Wärmeperioden. Beispielsweise gab es vor etwa 400.000 Jahren eine globale Erwärmungsphase, die immerhin 30.000 Jahre anhielt.[11] Reisen wir etwas näher an unsere heutige Zeit heran. Rund 3.000 Jahre vor Christus war es in den Alpen durchschnittlich zwei Grad Celsius wärmer als heute. Ja, wärmer, nicht kälter! In den zentraleuropäischen Klöstern und Kirchen konnte man im Hochmittelalter nur deswegen ohne Heizung leben und dennoch nicht frieren, weil es warm genug geworden war.[12]

All diese dramatischen Veränderungen sind Teil der Erdgeschichte. Sie zeigen uns, wie unglaublich komplex unser Klimasystem ist und wie viele Faktoren es beeinflussen. Die heute übliche einseitige Ansicht, wir müssten den CO2-Gehalt senken, um das Klima zu „normalisieren", ist weitgehend an den Haaren herbeigezogen. Sie geht nämlich von einem „Normalklima" aus, das es niemals gab.

Die Sehnsucht nach dem Normklima

Es gab niemals eine stabile Periode, ein Klima, bei dem „alles genau richtig" war. Im Sommer scheint ständig die Sonne, aber es ist natürlich nicht zu heiß, sondern nur, sagen wir, 25 Grad Celsius, im Winter fällt Schnee – aber nicht zu viel, bestenfalls 35 Zentimeter, es herrscht überwiegend blauer Himmel – aber natürlich regnet es auch regelmäßig, indes nur in mäßigen Schauern... Das ist ein Wunschwetter des Menschen, die Natur hat dieses dauerhafte „Normwetter" niemals parat gehalten – jedenfalls nicht über einen längeren Zeitraum. Daher ist es unsinnig, heutzutage jede Abweichung von diesem „Normwetter", jede Wetterkatastrophe, als vom Menschen verursachten Weltuntergang zu beklagen oder gar verhindern zu wollen.

Dies darf allerdings nicht als Freibrief für menschlich unverantwortliches Handeln interpretiert werden. Der sogenannte Ruddiman-Effekt zeigt, dass der Mensch sehr wohl Einfluss auf das Klima nimmt – und zwar schon lange vor der Industrialisierung.

So entdeckte der US-Klimaforscher William Ruddiman bei der Analyse langfristiger Klimamodelle eine Anomalie. Demnach hätte es vor zehntausend Jahren nach den astronomischen Zyklen, die das Klima prägen, eigentlich deutlich kälter werden müssen. Als Ursache für die Abweichung machte Ruddiman den Menschen aus. Schon in der Urgeschichte der Menschheit hatte diese mit den frühen Anfängen des Ackerbaus gewaltige Rodungen und Holzverbrennung vorgenommen, wodurch die Kohlendioxidwerte stiegen. Infolgedessen kam es nicht zu einer derart starken Abkühlung der Erde, wie es entlang der astronomischen Zyklen zu erwarten gewesen wäre.[13]

Der Mensch „formt" also das Klima auf unserem blauen Planeten zumindest in einem gewissen Ausmaß. Es lässt sich kaum leugnen, dass viele Landschaften auf der Erde ihr heutiges Aussehen menschlichem Handeln zu verdanken haben. So hat beispielsweise die Abholzung des Mittelmeergebietes erst das mediterrane Klima entstehen lassen, das viele von uns als besonders angenehm empfinden. Die von Menschen angelegten Reisterrassen in Asien fallen ebenfalls in diese Kategorie, weil sie das Mikroklima aufsteigender, regenreicher Winde hervorrufen – und das seit Jahrtausenden.

Die größten Klimaänderungen verursacht das Leben

Doch die gravierendsten Veränderungen beim Klima hat nicht der Mensch verursacht, sondern „das Leben", zunächst vor allem die Pflanzenwelt. Die vor eineinhalb Milliarden Jahren entstandene Photosynthese brachte Sauerstoff in die Luft – eine Klimakatastrophe für die meisten anderen damaligen Lebensformen. In der sogenannten kambrischen Explosion vor etwa 541 Millionen Jahren entstanden im geologisch winzigen Zeitraum von fünf bis zehn Millionen Jahren so viele neue Tierstämme wie nie zuvor – gefolgt vom größten Artensterben aller Zeiten.[14] Rund 95 Prozent aller Arten wurden damals binnen kürzester Zeit vernichtet, doch die meisten mehrzelligen Tierstämme, die seitdem die Erde bevölkern, sind auf diese urzeitliche Epoche zurückzuführen. Das Leben hat überlebt und sich weiterentwickelt.[15]

Der Glaube, jetzt, da der Mensch sich die Erde untertan gemacht hat, müsse der Planet stillstehen, ist ein Irrglaube. Wenn man sich bewusst macht, dass wir auf der Erdkruste leben, die im Größenvergleich mit einem Pfirsich der Hautdicke der Frucht entspricht, und dieses Gebilde mit etwa 30 Kilometern pro Sekunde (rund 108.000 Kilometern pro Stunde) um einen Feuerball mit knapp 700.000 Kilometern Durchmesser rast, der im Kern 15 Millionen Grad heiß ist, dann ist es ein Wunder, dass wir, die Menschen, überhaupt so eine stabile Lebensgrundlage gefunden haben, wie wir sie heute erleben.[16]

Es ist verständlich, dass wir diese Stabilität erhalten wollen, aber die Gesamtbetrachtung macht deutlich, dass wir nur einen kleinen Teil dazu beitragen können. Diesen Teil sollten wir nutzen – und uns dennoch vor dem Irrglauben schützen, wir könnten die Erde auf Dauer genauso erhalten, wie sie heute ist.

Der unruhige Planet

Es ist allgemeine Lebenserfahrung, dass sich das Klima nicht wirklich voraussagen lässt. Alle Rechenleistung unserer Supercomputer reicht nicht einmal aus, Sonne und Regen in Posemuckel in sieben Tagen vorherzusagen. Wie vermessen ist es angesichts dieser Unfähigkeit, Vorhersagen für das Weltklima in einem Jahr oder gar in zehn Jahren zu treffen? Doch wenn man nicht einmal vorherzusagen vermag, was passieren wird, wie vermessen ist es dann, Maßnahmen ergreifen zu wollen, um eben diese unbekannte Zukunft zu beeinflussen, zum Besseren versteht sich? Diese Vermessenheit ist wohl nur damit zu erklären, dass sich der Mensch nicht gerne in sein Schicksal ergibt, sondern es gestalten will, für eine wie auch immer geartete bessere Zukunft für sich und seine Nachfahren kämpft.

Und so wollen wir auch den Klimawandel nicht einfach hinnehmen. Wir wehren uns vom Protest auf der Straße bis zur UNO. Viele Protestler sind getrieben von dem Glauben, „etwas tun zu müssen", um das vermeintlich beste Klima aller Zeiten, das heutige Klima – oder vielleicht das hundert Jahre zurückliegende Klima – zu konservieren, um Veränderungen entgegenzuwirken. Dieser Glaube ist wenig wissenschaftlich fundiert – welcher Glaube ist das schon? –, als vielmehr eine Frage der Haltung. Eigentlich dachten wir, mit der etwa um 1700 begonnenen Phase der Aufklärung, das von Glauben und vor allem Aberglauben durchsetzte Mittelalter hinter uns gelassen zu haben. Die Neuzeit sollte vor allem auch ein Sieg der Wissenschaft sein. In der Technik ist das gelungen: Automobile und Smartphones sind Realitäten unseres Alltags, keine Glaubensfragen. Aber überall dort, wo die Wissenschaft keine anfassbaren Produkte vorzeigen kann wie beim Wetter, scheinen Meinungen wichtiger zu sein als Fakten, dort gilt die Haltung, die zeigt, ob man zu den Guten gehört – oder eben nicht.

Klimapolitik und Politikklima

Bei der Klimafrage – vom Menschen verursacht und wenn ja, in welchem Umfang und wie beeinflussbar, oder unveränderliches Naturereignis – geht es schon lange nicht nur um Wissenschaft, sondern vor allem auch um Politik.

Wer sich gegen den ausufernden Klimanotstand ausspricht und einzelne Klimaschutzmaßnahmen auch nur in Frage stellt, muss sich gefallen lassen, als „Klimaleugner“ zu gelten. Wer die Rolle des Menschen am Klimawandel auch nur relativiert, verlässt den Mainstream und wird in die politische Ecke gestellt. Nun kann es keinen Zweifel darangeben, dass die Industrialisierung zu massiven Umweltschäden geführt hat und weiterhin führt. Allein die Unmengen an Plastik in den Meeren sprechen eine deutliche Sprache – genau wie das Waldsterben in den 1970er Jahren tatsächlich zu beobachten war. Nur die Extrapolation, dass binnen weniger Jahre der Wald verschwindet, hat sich als Makulatur erwiesen. Daher ist die Frage, ob der Klimawandel tatsächlich binnen kurzem in die Katastrophe führt, ob die Erde umkippt und stirbt und mit ihr die Menschheit. Diese Frage zu diskutieren stellt keinen Ausdruck politischer Gesinnung dar, sondern diese Frage zu stellen und darüber zu debattieren, gehört zu den Selbstverständlichkeiten in einer pluralistischen Gesellschaft.

Es ist wohl die Angst vor der Apokalypse, die irrationales Denken und Handeln nach vorne getrieben und die Wissenschaft in den Hintergrund gedrängt hat. Dies ist kein deutsches Phänomen, sondern findet ebenso auf der Weltbühne der Vereinten Nationen statt.

Die UNO warnt vor dem Untergang

2021 legte das Intergovernmental Panel on Climate Change (IPCC) der UNO, häufig als Weltklimarat der Vereinten Nationen tituliert, neue Zahlen zum Klimawandel vor, die eines verdeutlichen sollten: Die Veränderungen sind unumkehrbar und sie stehen unmittelbar bevor. So hieß es: „Es ist sehr wahrscheinlich, dass Episoden mit Starkniederschlägen in den meisten Regionen mit einer weiteren Klimaerwärmung intensiver und häufiger werden. … Es ist zweifelsfrei, dass der menschliche Einfluss die Atmosphäre, den Ozean und das Land aufgeheizt hat. … Menschlicher Einfluss hat das Klima so aufgeheizt, wie es seit mindestens 2000 Jahren nicht mehr vorgekommen ist. … 2019 war die CO2-Konzentration in der Atmosphäre höher als zu jedem anderen Zeitpunkt seit mindestens zwei Millionen Jahren.“[17] Der Bericht hatte eine hohe Glaubwürdigkeit, immerhin wurde er von rund 230 Forschenden aus 66 Ländern verfasst. UNO-Generalsekretär Antonio Guterres rief 2021 die „Alarmstufe Rot“ aus und erklärte: „Die Glocken tönen ohrenbetäubend. Sie müssen das Ende von Kohle und anderen fossilen Brennstoffen einläuten, bevor diese unsere Erde zerstören.“ [18]

Die Zielsetzungen der UNO beim Klimaschutz kamen nicht von ungefähr. Schließlich hatten die Staatenlenker dieser Welt auf der UNO-Klimakonferenz 2015 in Frankreichs Hauptstadt Paris ein Klimaabkommen beschlossen, das die Begrenzung der globalen Erwärmung auf deutlich unter zwei Grad Celsius, möglichst 1,5 Grad, im Vergleich zum vorindustriellen Niveau vorsah.[19]

Die Apokalypse wird abgesagt

Geht die Erde also unter, sobald sich die Welttemperatur um 1,5 oder gar zwei Grad Celsius erhöht? Nein, erklärte Jim Skea, Professor für nachhaltige Energie an der Londoner Eliteuniversität Imperial College – und seit Sommer 2023 Chef des UNO-Weltklimarates IPCC. Vielmehr plädierte der 69-jährige Wissenschaftler für „weniger Panik, mehr Verstand!“ und stellte klipp und klar fest: „Die Welt wird nicht untergehen, wenn es um mehr als 1,5 Grad wärmer wird.“ Der neue IPCC-Chef führte aus: „Wenn man ständig nur die Botschaft aussendet, dass wir alle dem Untergang geweiht sind, dann lähmt das die Menschen und hält sie davon ab, die nötigen Maßnahmen zu ergreifen, um mit dem Klimawandel fertig zu werden.“

Das war eine klare Absage an die apokalyptischen Untergangsszenarien aller Klimaideologen. Dieser Ideologie schrieb er ins Stammbuch: „Bei dieser ganzen Sache geht es um echte Menschen und ihr reales Leben, nicht um wissenschaftliche Abstraktionen. Wir müssen ein Stück runterkommen.“ Seinen Weltklimarat nahm der Wissenschaftler in die Pflicht, „sich an den Menschen zu orientieren.“

Die von Jim Skea angemahnte Rückkehr zur nüchternen Betrachtung war wohl darauf zurückzuführen, dass er Naturwissenschaftler ist – im Unterschied zu seinem Vorgänger im Amt des IPCC-Chefs, dem südkoreanischen Ökonomen Hoesung Lee, der den Horrorszenarien des Weltklimarats jahrelang freien Lauf gelassen hatte.[20]

Übrigens: Wer hinter die Kulissen des IPCC blicken und verfolgen will, wie aus der neutralen, wissenschaftlichen Arbeit der UNO im Laufe der Zeit eine politisch einseitige Klimaideologie entstanden ist, dem sei das Buch „Klima: Unsicherheit und Risiko – Unsere Reaktion überdenken“ von Dr. Judith A. Curry empfohlen.[21]

Sie hat selbst lange Zeit im Weltklimarat mitgewirkt und hautnah erlebt, wie dieser aus politischer Motivation heraus einen vermeintlichen Konsens der Wissenschaftler herbeizuführen, den die wissenschaftlichen Resultate der Klimaforschung objektiv betrachtet gar nicht hergeben. Wer die Warnung vor der CO2-Erhöhung zum wichtigsten Ziel erklärt, erhält naturgemäß vor allem Forschungsarbeiten, die dieser politischen Vorgabe genügen.

Natürliche Wetterphänomene voraus

Der Chef-Klimatologe der US-Raumfahrtbehörde NASA titulierte den Juli 2023 als den heißesten Monat seit Jahrhunderten und sagte für 2024 eine noch schlimmere Entwicklung voraus. Diese Prognose kam indes allen, die in der einen oder anderen Form an die Menschheit appellieren, sich zu ändern, um das Klima konstant zu halten, in die Quere: Der Klimachef der NASA machte nämlich nicht die Industrialisierung für diese Entwicklung verantwortlich, sondern ein natürliches Wetterphänomen: El-Niño, das sich 2023 am Äquator zusammenbraute.[22]

Das Klimaphänomen stellt sich in unregelmäßigen Abständen von zwei bis sieben Jahren ein und führt über veränderte Luftzirkulationen in weiten Teilen der Welt zu starken Wetterveränderungen, die bis zu zwei Jahre lang andauern können.[23] In einigen Teilen der Erde führt es zu stärkeren Regenfällen, während es in anderen Teilen trockener wird.

El Niño ist ein natürliches Phänomen, das seit Tausenden von Jahren auftritt, lange bevor eine Industrialisierung begann, die das Klima beeinflussen konnte. Das macht die Auswirkungen nicht besser und bedeutet nicht, dass wir sie auf die leichte Schulter nehmen sollten. Ganz im Gegenteil gilt es, sich zu wappnen, um die Folgen von El Niño soweit wie möglich abzumildern. Aber es bedeutet sehr wohl, dass wir in den Jahren 2023/24/25 bei jeder noch so extremen Wetteranomalie dieses natürliche Phänomen als Erklärung heranziehen sollten, statt in Hysterie auszubrechen und dem menschlichen Wirken die alleinige oder auch nur die hauptsächliche Schuld zuzuschieben. Zumal El Niño nur eine Phase eines größeren zyklischen Phänomens namens El Niño-Südliche Oszillation (ENSO) ist, das noch eine andere Phase aufweist, La Niña. Wo El Niño zu viel Regen bringt, kann La Niña zu Trockenheit führen und umgekehrt. Beide Phasen haben erhebliche Auswirkungen auf das globale Klima. Wir sollten alles daransetzen, uns vor den Auswirkungen der Klimaphänomene zu schützen, aber es grenzt an Hybris, wenn wir mit unserer heutigen Technologie ernsthaft versuchen, das Wetter im großen Stil zu besänftigen.

Geradezu abenteuerlich ist in diesem Zusammenhang der Gedanke, wir könnten das Weltklima retten, indem wir in Europa oder gar in Deutschland so wenig Kohlendioxid ausstoßen wie irgend möglich. Und doch hat sich genau dieser Gedanke in den Köpfen vieler Klimaideologen festgesetzt; er ist sogar zur Leitlinie des Regierungshandelns hierzulande geworden. Doch das macht ihn nicht richtiger.

Aus dieser falschen Denkweise heraus wurde die trügerische Idee entwickelt, dass der CO2-Ausstoß nur reduziert werden könnte, indem wir soweit wie möglich auf elektrischen Strom umstellen, der aus regenerativen Energien gewonnen wird. Lassen wir dazu die Internationale Agentur für Erneuerbare Energien (Irena) zu Wort kommen. Die 2009 gegründete internationale Regierungsorganisation zur weltweiten Förderung des Ausbaus und der nachhaltigen Nutzung erneuerbarer Energien wird von rund 150 Mitgliedsländern getragen.[24]

Ökostrom für die Welt

Die Energieagentur hat eine Kalkulation vorgelegt, der zufolge im Jahr 2050 Sonne, Wind und andere regenerative Energiequellen ausreichen, um den weltweiten Strombedarf zu 86 Prozent zu decken. Das dürfte wie Musik in den Ohren derer klingen, die das Klima retten wollen, in dem sie die Welt auf Strom umstellen. Bei ihrer Berechnung hat die Agentur eigenen Angaben zufolge sogar eine deutliche Erhöhung der Stromnachfrage durch eine Milliarde Elektroautos auf den Straßen rund um den Globus in Betracht gezogen. Elektrizität wäre in diesem Szenario der zentrale globale Energieträger mit 50 Prozent Anteil (2020 bei etwa 20 Prozent). Strom könnte neben der elektrischen Automobilität auch verstärkt zum Heizen und zur Gewinnung von Wasserstoff genutzt werden, um Kerosin und Öl im Flug- und Schiffsverkehr zu ersetzen, spekuliert die Irena-Agentur. Eine Vorahnung, warum das Irena-Szenario unrealistisch ist, bekommt man schon, wenn man die wirtschaftlichen Berechnungen dazu in Augenschein nimmt.

So veranschlagt Irena die Kosten für den Umbau des Energiesektors auf Strom und Wasserstoff mit 15 Billionen Dollar. Die Investition soll sich volkswirtschaftlich lohnen, weil sie sich durch vermiedene Schäden des Klimawandels und reduzierte Gesundheitskosten bis zum Siebenfachen bezahlt machen würde.[25]

Falsche Formel: CO2 = böse, Strom = gut

Diese spekulative Hochrechnung trägt sehr viele, sagen wir, „Merkwürdigkeiten“ in sich. Da ist zum einen die fatale Gleichung „Kohlendioxid (CO2) ist böse, elektrischer Strom ist gut“, die schlichtweg falsch ist. Was dabei völlig unterschlagen wird: Es gibt zahlreiche, natürliche Quellen von CO2 in der Umwelt. Alle lebenden Organismen produzieren CO2 als Nebenprodukt ihres Stoffwechsels. Das umfasst sowohl Menschen und Tiere als auch Pflanzen. Bakterien, Pilze und Mikroorganismen zersetzen permanent organische Substanzen und setzen dabei CO2 frei. Dies geschieht sowohl an Land, etwa in Wäldern und auf Feldern, als auch im Meer, wo abgestorbene Algen und Meerestiere zersetzt werden. Die Ozeane enthalten riesige Mengen an gelöstem Kohlendioxid, das ständig an die Atmosphäre abgegeben wird. Bei Vulkanausbrüchen wird CO2 freigesetzt, das tief in der Erde eingeschlossen war. Auch durch andere geologische Prozesse wie die Verwitterung von Gesteinen gelangt CO2 frei. Bei Wald- und Buschbränden tritt CO2 hervor, das in den Pflanzen gespeichert war. Diese natürlichen Quellen werden durch natürliche Absorptionen ausgeglichen.

Unsere Welt wird immer grüner – dank CO2

In diesem Zusammenhang spielt die Photosynthese eine wichtige Rolle, mit der Grünpflanzen Lichtenergie nutzen, um Kohlendioxid aus der Luft in Zucker (Glucose) umzuwandeln (der Zucker dient den Pflanzen als Nahrung). Die Pflanzen nehmen das klimaschädliche Kohlendioxid aus der Atmosphäre auf und bauen es in ihre Blätter, Zweige, Stämme und Wurzeln ein. Gleichzeitig geben sie den für uns Menschen (und viele Tiere) lebenswichtigen Sauerstoff ab. Wer etwas für die Umwelt tun will, sollte Bäume pflanzen, um diesen Kreislauf des Lebens zu unterstützen.

Weil etwa durch Brandrodung immer mehr Grünfläche verlorengeht, sind wir gefährdet, schlussfolgern Sie? Ganz im Gegenteil: Die „globale Begrünung" – die Menge aller Grünpflanzen auf der Erde – nimmt seit Jahren zu. Der Grund dafür ist geradezu atemberaubend: Die Zunahme von CO2 in der Atmosphäre fördert das Pflanzenwachstum.

Zum Mitschreiben in der Hoffnung, dass der eine oder andere Politiker mitliest: Grünpflanzen benötigen CO2 zum Wachsen und erzeugen durch Photosynthese Sauerstoff, also das Lebenselixier für uns Menschen. Es gibt immer mehr Grünpflanzen auf der Erde und diese erzeugen immer mehr Sauerstoff. Also kein Grund zur Panik. Die selbsternannte „Letzte Generation" wird keineswegs die letzte sein, sondern die Menschheit wird mutmaßlich noch Tausende von Jahren weiterleben.

Machen wir uns für einen Moment klar, was die Folge wäre, wenn gar kein CO2 mehr in die Atmosphäre nachströmen würde. Dann wäre der atmosphärische Vorrat in wenigen Jahrzehnten aufgebraucht, die grünen Pflanzen würden das Wachstum einstellen, wir Menschen und die meisten Tiere würden verhungern. Alle grünen Pflanzen brauchen zum Wachstum täglich unerhörte Mengen an Kohlenstoff, den sie in Form von CO2 einatmen. Darum sind die Wälder so wichtig. Ist mehr

CO2 vorhanden, atmen die Pflanzen mehr davon ein, das Wachstum nimmt zu. Fazit: Kohlendioxid ist gut, wir brauchen es unbedingt, damit die Menschheit am Leben bleibt.[26]

Es stellt sich die Frage, ob aus dem Kohlendioxid-Sauerstoffkreislauf sozusagen zu viel CO2 übrigbleibt, das zum vielbeklagten Klimawandel führt. Angesichts der Tatsache, dass Grünpflanzen nach heutigem Kenntnisstand keine „Obergrenze" für CO2 kennen, sondern einfach immer mehr aufnehmen, wenn mehr verfügbar ist, gibt es keine klare Antwort auf diese Frage – auch wenn das sehr viele politische Ideologen anders sehen.[27]

Diese etwas umfangreiche Vorgeschichte zum Klimawandel, dessen Ursachen und Wirkungen keineswegs so selbstverständlich sind, wie uns die Politik häufig glauben machen will, waren notwendig, um den Irrsinn der deutschen Energiepolitik zu begreifen.

Um nicht missverstanden zu werden: Die Endlichkeit *fossiler* Rohstoffe stellt eine Selbstverständlichkeit dar, auf die wir uns einstellen müssen. Die allmähliche Transformation hin zu regenerativen Energieformen sollte daher ein ebenso selbstverständliches Ziel jeder zukunftsorientierten Politik sein. Doch die beinahe ideologische Fokussierung auf die Reduzierung der CO2-Emissionen in Deutschland und der EU stellt keine gute Grundlage für eine vernünftige Energiepolitik dar.

Ideologie und Versäumnisse

Spätestens seit dem Jahr 2023 wird Deutschland auf dem Energiesektor von den Versäumnissen der Vergangenheit eingeholt. Themen wie Nachhaltigkeit sind seit Jahrzehnten bekannt, ebenso wie die Anforderungen, die dies an die Energieindustrie stellt. Es drängt sich daher die Frage auf: Warum sind wir in Deutschland in diese vorhersehbare Misere der Energieknappheit, Verteuerung und Unzuverlässigkeit geraten? Warum hat die Politik nicht auf ernsthafte Warnungen reagiert? Sicher, einige Wetterphänomene wie Hitzewellen, Dürren oder Überschwemmungen mögen erst in jüngster Zeit zugenommen haben, aber der Raubbau an der Natur ist schon lange ein Thema. Ebenso ist seit langem bekannt, dass eine bezahlbare Energieversorgung eine unabdingbare Grundlage für unseren Wohlstand ist. Doch die deutsche Politik hatte keinen tragfähigen Plan für dieses Thema entwickelt und sie hat es falsch angepackt, während andere europäische Länder ihre Energieversorgung über Jahrzehnte hinweg besser geplant haben.

Vorbild Dänemark

So hat etwa Dänemark 30 Jahre lang Fernwärmenetze aufgebaut und sich damit in die Lage versetzt, sich von Gas und Öl zu verabschieden. Das war ein langwieriger Prozess: Bereits in den 1970er-Jahren begann Dänemark im Zeichen der damaligen Ölkrise mit dem Ausbau von Fernwärme. Mit Stand 2023 sind rund 65 Prozent aller dänischen Haushalte daran angeschlossen. Die Wärme stammt zu einem Großteil aus erneuerbaren Quellen wie Biomasse, Geothermie oder Abwärme von Industriebetrieben, nur noch ein knappes Viertel kommt aus fossilen Brennstoffen. Darauf aufbauend wurden bereits 2013 Öl- und Gasheizungen im Neubau verboten. Seit 2016 gilt zudem ein Verbot, alte fossile Heizkessel gegen neue auszutauschen. Die Niederlande planen eine ähnliche Regelung ab 2026. In Schweden ist die Wärmewende im Gebäudebereich fast vollständig abgeschlossen. Besonders bei Mehrfamilienhäusern und Nichtwohngebäuden wurde die Fernwärme über einen Zeitraum von etwa 25 Jahren nahezu komplett dekarbonisiert. Länder wie Finnland oder Frankreich haben konsequent auf Kernkraft gesetzt, um von den fossilen Brennstoffen loszukommen. Dem entsprechend ist Strom dort und in vielen anderen Ländern Europas wie beispielsweise Norwegen viel preisgünstiger als in Deutschland. Deutschland hingegen hat die Quadratur des Kreises versucht und – man muss es mit Rückblick aus dem Jahr 2023 wohl so hart formulieren – ist daran gescheitert. Über Dekaden hinweg haben die Politiker aller Parteien die Planung der Energieversorgung vernachlässigt oder diese mit einer fatalen Abhängigkeit von russischem Gas sogar in eine gefährliche Schieflage gebracht. Wer Kernkraftwerke verteufelt und fossile Energien abschaffen will, hätte eigentlich einen besonders gut durchdachten Plan benötigt, um die Versorgung mit erneuerbaren Energien sicherzustellen.

Denn nur mit einer Energieversorgung, die für die meisten Menschen bezahlbar ist und die unsere Wirtschaft international wettbewerbsfähig und stabil hält, wird sich der Wohlstand in Deutschland halten lassen. Arbeitsplätze, Einkommen und Lebensqualität – all das hängt davon ab.

Energie als Wohlstandsfaktor

Im Laufe der Geschichte hat sich immer wieder gezeigt, dass Energie und Wohlstand ein unzertrennliches Paar sind, das Hand in Hand durch die Jahrhunderte marschiert. Man denke sich kurz zurück in eine Zeit, in der die einzige verfügbare Energiequelle menschliche oder tierische Arbeit war. In dieser Zeit war das Leben für die meisten Menschen hart und mühsam.

Dann kam im 18. Jahrhundert die bahnbrechende Erfindung der Dampfmaschine durch James Watt – und plötzlich konnte Energie in großem Maßstab erzeugt und genutzt werden.[28] Diese Maschinen konnten erstmals Arbeit leisten, die den Menschen entlasten konnte.

Die „Energierevolution" der Dampfmaschine löste die industrielle Revolution aus. Sie legte den Grundstein für die moderne Industriegesellschaft und trug zur Verbesserung des Lebensstandards und des Fortschritts in vielen Bereichen bei.[29]

Blicken wir auf das 20. Jahrhundert und eine weitere „Energierevolution": Dank der Verfügbarkeit von billiger und reichlicher Energie aus Öl und Gas erlebte die Welt eine beispiellose Phase des Wirtschaftswachstums und des sozialen Fortschritts. Machen wir uns klar: Energie ist der Treibstoff für wirtschaftliche Aktivitäten, der benötigt wird, um Maschinen anzutreiben, Transportmittel zu betreiben, Gebäude zu beheizen und zu kühlen, elektrische Geräte zu betreiben und vieles mehr. Industrien und Unternehmen benötigen Energie, um Produktion und Dienstleistungen zu ermöglichen. Eine ausreichende Energieversorgung fördert alle wirtschaftlichen Aktivitäten und schafft Arbeitsplätze, was wiederum den Wohlstand einer Gesellschaft steigert.

Energieintensive Branchen wie der Automobilsektor, der Maschinenbau und die Chemieindustrie sind bedeutende Wirtschaftszweige für Deutschland. [30] Allein an diesen drei Industriesektoren hängen etwa sieben Millionen Arbeitsplätze; das sind beinahe ein Viertel aller Vollzeitarbeitsplätze in Deutschland.[31] Die anderen drei Viertel hängen ebenso an einer *zuverlässigen* und *erschwinglichen* Energieversorgung. Ohne Energie gibt es keine Bildung, keine Medizin, keine Nahrungsmittel, keine Wirtschaft, keine Arbeitsplätze, keinen Wohlstand... Die nachhaltige Bereitstellung bezahlbarer Energie sollte also zu den Grundpfeilern jeder vernünftigen Politik gehören – *sollte*! Tatsächlich ist die Ideologie offenbar wichtiger als die Nachhaltigkeit.

Wunschdenken statt Realität

Deutschland hat sich ehrgeizige Klimaziele gesetzt, um die CO2-Emissionen zu reduzieren und die globale Erwärmung einzudämmen. Die Energiewende beinhaltet den Ausstieg aus der Kernenergie und der Kohle sowie den Ausbau erneuerbarer

Energien wie Wind- und Solarenergie – erstaunlich, wie sich in einem einzigen Satz eine heftige, politische Diskussion, eine leidenschaftliche, gesellschaftliche Konfrontation und eine Weichenstellung für den Wohlstand einer ganzen Nation zusammenfassen lässt.

Indes war die deutsche Energiepolitik der letzten Jahrzehnte und verstärkt der letzten Jahre vor allem durch eines gekennzeichnet: von Ideologie-geprägtem Wunschdenken. Die Politik entwickelt einen Glauben an eine bestimmte Zukunft und malt sich daraufhin aus, welche Technologie dazu geeignet ist, diese Zukunft zu erreichen. Damit nicht genug, wird geradezu eine Glaubenskampagne geführt, um auch alle anderen davon zu überzeugen. Soweit die derart beseelten Politiker an die Regierung gelangen, setzen sie alles daran, ihren Glauben in Gesetze zu fassen und zum Maßstab für politisches Handeln zu erheben.

Primärenergie ist viel mehr als Elektrizität

So ist es nur mit ideologischem Denken zu erklären, wenn man glaubt, man könnte mit hierzulande gewonnener regenerativer Energie aus Sonne-, Wind- und Wasserkraft genügend Strom erzeugen, um den heutigen, geschweige denn, den zukünftigen Bedarf an Primärenergie in Deutschland zu befriedigen. Das ist ein Wunschbild, und Strom ist keineswegs der beste Weg, um Energie zu speichern oder zu transportieren – es sei denn, man denkt nur in Batterien und Steckdosen. Mit der Energiewende und dem zunehmenden Fokus auf erneuerbare Energien gewinnt der Stromsektor in Deutschland in ungesunder Weise immer mehr an Bedeutung. Aber Primärenergie ist viel mehr als elektrischer Strom.

Zur Einordnung einige wenige Zahlen und Fakten: Deutschland hat einen Energiebedarf von 2.407 Terrawattstunden.[32] Nur etwa 20 Prozent dieser Energie entfällt auf Strom. Der Rest verteilt sich auf Wärme und Treibstoffe. Das Konzept des Bundesministeriums für Wirtschaft und Klimaschutz aus dem Jahr 2023, das darauf abzielt, nahezu alles – auch die restlichen 80 Prozent – auf Strom umzustellen, ist abwegig. Natürlich könnten Teile der Industrie mit Strom betrieben werden, unsere Häuser mit Strom geheizt werden, unsere Autos mit Strom fahren. Der Haken dabei: Die Menge an zuverlässig erzeugtem Strom, die wir zur Verfügung haben, würde nicht ausreichen, um alle diese Sektoren zu versorgen. Hinzu kommt: Es gibt bislang keine erprobten Konzepte, wie die Versorgung mit elektrischem Strom für Deutschland sichergestellt werden kann, wenn Sonne und Wind längere Zeit streiken. Es fehlen die Stromspeicher für Milliarden von Terawatt-Stunden. Unabdingbar sind auf jeden Fall Speicherkapazitäten, um die Dunkelflaute zu überbrücken sowie grundlastfähige Energiequellen. Dunkelflaute bezeichnet den Zustand, dass Windenergie- und Photovoltaikanlagen in einer Region wegen Flaute oder Schwachwind und zugleich auftretender Dunkelheit, insbesondere in den Wintermonaten, insgesamt keine oder nur geringe Mengen elektrischer Energie produzieren.

Selbst für die Nachtversorgung reichen herkömmliche Pumpspeicherwerke nicht aus. Zur Erklärung: Ein Pumpspeicherwerk speichert Energie, indem es bei zu viel Strom diesen nutzt, um Wasser bergauf zu pumpen, und ihn wieder bergab fließen lässt, um Strom zu erzeugen, wenn es daran mangelt. Mit anderen Worten: Wenn die Nacht heranbricht und die Pumpspeicherwerke nicht ausreichen, müssten wir im internationalen Verbund auf Atomstrom aus Frankreich oder Kohlestrom, produziert in osteuropäischen Kraftwerken, zurückgreifen. Doch das wäre in etwa wie bei der Mafia, die sich nach außen hin „sauber" gibt, aber in Wahrheit im Hintergrund schmutzige Geschäfte betreibt. Doch Deutschland ist nicht die Mafia – oder jedenfalls hoffentlich nicht!

Zwar stellte das Bundeswirtschaftsministerium im Sommer 2023 für die Zukunft „eine neue Generation von wasserstoffbetriebenen Kraftwerken" in Aussicht, um die Dunkelflauten zu überbrücken.[33] Doch bis zur Drucklegung des vorliegenden Buches lag die in diesem Zusammenhang ebenfalls angekündigte Kraftwerkstrategie nicht vor. Man muss bedenken: Die Kohle- und Kernkraftwerke waren zu diesem Zeitpunkt längst vom Netz genommen, aber für die „neue Generation" gab es noch nicht einmal ein Konzept. Das ist in etwa so, als ob bei einem Großbrand die Feuerwehr nach Hause fahren würde, während die Flammen noch lodern, weil „jemandem vom Amt" eine Idee gekommen ist, wie man das Löschen des Feuers künftig „auf irgendeine andere Art und Weise" bewirken kann. Dem Himmel sei gedankt, dass die Feuerwehren umsichtiger als das Wirtschaftsministerium agieren. Hinzu kommt: Ein Großteil der in Aussicht gestellten neuen Kraftwerke soll zunächst gar nicht mit Wasserstoff, sondern mit Erdgas betrieben werden. Man glaubt es kaum: Der Weg hin zu erneuerbaren Energien wird mit neuen Gaskraftwerken – also der Verbrennung fossiler Rohstoffe – beschritten. Das wäre, um im Vergleich zu bleiben, in etwa so, als ob die Feuerwehr bei einem Brand zunächst einmal Öl ins Feuer schüttet, bis „irgendwann einmal" Löschwasser zur Verfügung steht.

Energie lässt sich nicht in eine Kiste stecken

Wenn es um unsere Energiezukunft geht, dürfen wir die Realitäten der Physik und Logik nicht aus den Augen verlieren. Es wäre ein Traum zu glauben, dass wir einfach einen Schalter umlegen und alles auf Strom umstellen könnten. Aber Träume sind eine Sache und die Realität ist eine andere. Energie lässt sich nicht einfach in eine Kiste stecken. Wir brauchen eine ausgewogene Mischung aus verschiedenen Energiequellen und Technologien, um unseren Bedarf zu decken und gleichzeitig unsere Klimaziele zu erreichen.

Allein die Chemieindustrie deklariert für sich rund 600 Terawattstunden im Jahr 2050 – das wäre elffach höher als heute –, um klimaneutral zu werden. Das ist mehr als der deutsche Strombedarf von etwa 500 Terrawattstunden im Jahr 2021.[34] Man muss es sich auf der Zunge zergehen lassen: Eine einzige Industrie – die Chemie – benötigt im Jahr 2050 mehr Strom als ganz Deutschland – über alle Branchen und Haushalte hinweg – heute verbraucht, wenn sie nur noch auf Strom setzen würde. Die Chemische Industrie kann darauf vertrauen, dass die deutsche Politik diese Energiewende bewerkstelligt – oder sie kann Produktionskapazitäten ins Ausland verlagern. Versetzen Sie sich für einen Augenblick in die Rolle des Vorstandsvorsitzenden eines Chemiewerks und überlegen Sie, wie groß *Ihr* Vertrauen in die deutsche Politik ist – da haben Sie die Antwort!

Um das einmal in der Größenordnung zu begreifen: Deutschland erzeugt pro Jahr circa 205 Terrawattstunden Ökostrom aus erneuerbaren Quellen.[35] Wenn die Haushalte, die ein Drittel des Energiebedarfs verantworten und zu rund 75 Prozent fossil heizen, auf Strom umstiegen, würde der Strombedarf massiv ansteigen, und zwar selbst dann, wenn Wärmepumpen künftig noch deutlich effizienter arbeiten als das mit Stand 2023 der Fall ist. Um es überspitzt zu formulieren: Angesichts dieser Herausforderung und der Vertrauenslage in die Politik würden wohl auch viele Haushalte ins Ausland abwandern, wenn dies nur möglich wäre.

Die Energiepolitik verfolgt die falsche Strategie

Die Energiepolitik verfolgt die falsche Strategie und fokussiert sich nur auf Strom, und zwar überwiegend aus Wind und Sonne. Da die *gesicherte* (nicht die installierte) Leistung von Wind- und Photovoltaikanlagen null beträgt, wären enorme Speicherkapazitäten und Übertragungsinfrastrukturen notwendig. Zudem sollen alle Sektoren – Gebäude, Verkehr, Industrie – miteinander verbunden und mit Strom versorgt werden. Dieser Logik folgend werden strombasierte Technologien wie Wärmepumpen und E-Autos forciert und anderes verhindert.

Man kann natürlich auch mit Strom heizen, aber man kann nicht Gebäude, Industrie und Verkehr allesamt ausschließlich an den Strom koppeln. Stand 2023 stehen rund 250 Terrawattstunden Strom zur Verfügung. Aber wir bräuchten etwa das Zehnfache, um alles auf Strom zu stützen – künftige Bedarfserhöhungen noch gar nicht mitgerechnet. Selbst wenn man den technischen Fortschritt und die damit verbundenen Effizienztechnologien einkalkuliert, wird es nicht reichen, um *alle* Sektoren auf Strom umzustellen.[36]

Zwar ist die Vernetzung unterschiedlicher Sektoren sinnvoll, um effiziente Energieinfrastrukturen zu schaffen. Doch die Fokussierung auf Strom in allen Bereichen stellt einen schweren Fehler dar. Aber das Bundesministerium für Wirtschaft und Klimaschutz des Jahres 2023 erklärte elektrischen Strom zum Mittel der Wahl um „Wärme, Kälte und Antriebsenergie zu erzeugen". Ohne gravierende Korrekturen gefährdet diese deutsche Energie- und Klimapolitik den Sozialstaat, die für Deutschland äußerst wichtige mittelständische Wirtschaft, die 60 Prozent aller Arbeits- und 80 Prozent aller Ausbildungsplätze stellt, und sogar den Klimaschutz selbst.[37]

An dieser Stelle muss das Umdenken ansetzen. Es geht eben nicht nur um elektrische Energie, sondern um Primärenergie im großen Ganzen. Mit Elektrizität lässt sich auf keinen Fall der Gesamtbedarf erfüllen, sonst steht der Stromblackout ante Portas. Umso schlimmer und kostspieliger sind die Folgen, wenn man den steigenden Bedarf an elektrischer Energie einer modernen Volkswirtschaft in Rechnung setzt.

Es wäre Technologieoffenheit gefragt, um unterschiedliche Ansätze gewähren zu lassen, statt mit politisch-ideologischer Engstirnigkeit *die* eine Technologie zu fördern, gleichgültig, wie technisch sinnvoll diese ist – oder eben auch nicht. Die Leichtfertigkeit, mit der Alternativen wie E-Fuels fallengelassen bzw. gar nicht erst in Betracht gezogen werden, während strombasierte Konzepte wie die E-Mobilität per se als „sauber" oder gar „nachhaltig" bevorzugt werden, ist an Engstirnigkeit und Wissenschaftsferne kaum zu überbieten.

Dass man in Kenntnis dieser Zusammenhänge grundlastfähige Quellen wie Geothermie oder Bioenergie bisher so stiefmütterlich behandelt und neue Lösungswege erst gar nicht ernsthaft in Erwägung zieht, ist in einer von Energie derart abhängigen Industrienation schwer nachvollziehbar.

Die misslungene Energiewende

Die Energiewende sollte ursprünglich ein großes grünes Fest sein, bei dem wir die Ketten der Wertschöpfung grüner Technologien sprengen und den Klimaschutz in die Breite der Gesellschaft tragen. Aber anstatt die ganze Bandbreite erneuerbarer Energien und Technologien zu nutzen, haben wir uns auf eine stromzentrierte Energiewende versteift.

Die Fehler sind vor Jahrzehnten begangen worden. Bereits im Jahr 2000 wurde das Erneuerbare-Energien-Gesetz (EEG) erlassen (und danach mehrfach angepasst) und es wäre einfach möglich gewesen, zu dieser Zeit die Weichen zu stellen, um auch eine Wärmewende herbeizuführen. Zur Erinnerung: Das EEG förderte den Ausbau von Wind-, Sonnen-, Wasser-, Bioenergie und Geothermie, indem es den Erzeugern von Strom aus diesen erneuerbaren Energien einen festen Preis für den in das Elektrizitätsnetz eingespeisten Strom garantierte. Zugleich verpflichtete es die Netzbetreiber, diesen Strom vorrangig abzunehmen. Seit der Novellierung im Jahr 2012 wird die Förderung für größere Anlagen zunehmend über ein Marktprämienmodell geregelt. Dabei verkaufen die Betreiber ihren Strom direkt am Markt und erhalten eine variable Marktprämie, die die Differenz zwischen dem festgelegten Vergütungssatz und dem tatsächlichen Marktpreis für Strom ausgleicht.

Strom, Strom, Strom... das war die Melodie, die dieses Gesetz spielte. Es war, als hätte man bei einem großen Orchester nur auf die Geigen gehört und die anderen Instrumente ignoriert. Und genau da liegt der Fehler: Wir haben uns so sehr auf den Strom konzentriert, dass wir die Wärme vergessen haben. Aber ein Orchester braucht mehr als nur Geigen, um schöne Musik zu spielen, und eine Energiewende braucht mehr als nur Strom, um erfolgreich zu sein.

Nach über 20 Jahren Erneuerbare-Energien-Gesetz sind die Defizite dieser einseitigen Energiewende offensichtlich: Strom ist zwar zu 40 Prozent erneuerbar, aber Wärme nur zu 16 und Verkehr sogar nur zu sieben Prozent. Sicherlich kann der Energiebedarf sinken, etwa durch Effizienztechnologien, Digitalisierung, Kraftwärmekopplung und ähnliches. Dennoch ist jedem klar, der mit ideologiefreiem Kopf denkt: Die „alles per Strom"-Strategie ist gefährliches Wunschdenken. Die Energiewende gehört diversifiziert. Zu Wind- und Sonnenkraft müssen weitere erneuerbare Quellen kommen, also beispielsweise Solarthermie, Geothermie und Bioenergie.

Gefahr erkannt, Gefahr gebannt? Keineswegs: Das EEG legt konkrete Ziele für den weiteren Ausbau der erneuerbaren Energien mit dem Fokus auf Elektrizität fest. Das aktuelle Ziel ist, bis 2030 einen Anteil von 65 Prozent erneuerbaren Stroms am gesamten Stromverbrauch zu erreichen. Die Politik behandelt die Energiewende wie ein Experiment, ob es gelingen kann, ein ganzes Land auf Strom umzustellen.

Das Ausland kann es diversifizierter

Ein Blick ins europäische Ausland zeigt, wie es besser funktionieren könnte. Einige europäische Länder wie Schweden haben 30 Jahre lang Fernwärmenetze vorbereitet, während wir in Deutschland nur auf Strom fokussiert haben, also Windräder und Photovoltaik. Zugegeben: Schweden verfügt über Atomkraft – ein Bereich, in dem Deutschland einen anderen Weg eingeschlagen hat. Aber wir benötigen dringend eine Diversifizierung jenseits des Stroms, um eine Versorgungssicherheit zu gewährleisten. Und der Schlüssel dazu heißt Technologieoffenheit. Bedenken wir: Ohne Technologieoffenheit hätten wir in Deutschland niemals eine Photovoltaikanlage, eine Windkraftanlage, eine Wärmepumpe oder eine Elektrolyseanlage entwickelt. Es ist gerade diese Technologieoffenheit, die Deutschland auszeichnet. Deshalb sind wir mit nur 83 Millionen Menschen die viertgrößte Volkswirtschaft der Welt gemessen am Bruttoinlandsprodukt, nach den USA (331 Millionen Einwohner), China

(1,3 Milliarden Einwohner) und Japan (128 Millionen Einwohner). Diese Technologieoffenheit hätten wir über Jahrzehnte hinweg praktizieren sollen, statt politisch und ideologisch motivierte „Energiekonzepte“ zu favorisieren.

Gebäudesektor wichtiger als Autos

Etwa 40 bis 50 Prozent des Energieverbrauchs entfallen auf den Gebäudesektor, was ihn zu einem der größten Verbraucher macht. Der Verkehrssektor trägt etwa 30 bis 35 Prozent zum Energieverbrauch bei, wobei der Straßenverkehr den größten Anteil ausmacht. Die in vielen Diskussionen heftig gescholtene Industrie verursacht rund 20 bis 25 Prozent des Energieverbrauchs in Deutschland. Der Energieverbrauch in privaten Haushalten macht ungefähr 15 bis 20 Prozent aus.[38]

Angesichts dieser Zahlen würde man erwarten, dass die Politik den Gebäudesektor als erstes auf Nachhaltigkeit umzustellen versucht. Das ist schließlich ein Prozess, der Jahrzehnte anhält; die Lebensdauer eines Hauses liegt nämlich bei weit über 50 Jahren.[39] Doch was ist geschehen? Die Politik hat zunächst den Verkehr wider aller Vernunft zur „Regulierungszone“ für das Klima erklärt. Ein Auto hat eine Lebensdauer von durchschnittlich zehn bis 15 Jahren, so dass eine Fahrzeugflotte deutlich schneller ausgetauscht werden kann: Verbrenner verbieten, E-Autos fördern.[40] Statt die Energieversorgung von Gebäuden allmählich in nachhaltige Bahnen zu lenken, wurde die aus den USA herüber geschwappte Welle der Elektroautos hektisch zur „Energiewende“ herangezogen. Man muss wohl vermuten, weil es vermeintlich einfacher zu verstehen und zu erklären schien: Ein Auto, bei dem hinten nichts rauskommt, ist sauber. Und so begann der Irrweg der Fehlfokussierung.

Erst als die E-Lawine längst ins Rollen geraten war, kam „urplötzlich“ die Gebäudeenergie wieder auf die Agenda. Nicht, weil es klugen Politikern auf einmal eingefallen wäre, sondern weil durch den Krieg in der Ukraine ab 2022 die Gasversorgung in Deutschland gefährdet war. Nun sollte die „Energiewende in Gebäuden“ auf einmal „über Nacht“ erfolgen, wieder mit einer vermeintlich einfachen Lösung: Alle Hausbesitzer sollten schnell und auf eigene Kosten auf Wärmepumpen umrüsten – gleichgültig, ob es sinnvoll ist, und egal, was es kostet. Nach dem E-Auto erklärte die Politik die Wärmepumpe zu einer Art „Heilsbringer für Umwelt und Klima“.

Es ist dieses irrationale Handeln ohne Langfristplanung, das einer rationalen Lösung der nachhaltigen Energieversorgung Deutschlands im Wege steht.

Berauscht von der Machtfülle

Seit 2023 hat vor allem die Partei Die Grünen – möglicherweise berauscht von der Machtfülle, die es mit sich bringt, Teil einer Regierungskoalition zu sein – alles darangesetzt, die „Lösung der Klimakrise“ durch ein Nadelöhr zu drängen: die Wärmepumpe. Alternative Technologien und der Fachkräftemangel, der dazu führte, dass es schlichtweg nicht genügend geschultes Personal gab, um sozusagen überall Pumpen einzubauen, waren politisch nicht von Interesse. Wer sich daraufhin wunderte, dass die Preise für Wärmepumpen zumindest kurzfristig durch die Decke schossen und diese anschließend zeitweise zu Ladenhütern wurden, als sich Verzögerungen abzeichneten, der hat das Einmaleins der Marktwirtschaft nicht verstanden. Es war eine Aktion staatlichen Dirigismus ohne Berücksichtigung allgemein bekannter Gesetzmäßigkeiten der Physik und der Ökonomie. Doch wir brauchen für Gebäude mehrere Optionen. Es gibt bei Gebäuden unterschiedliche regionale Gegebenheiten, verschiedene technische Voraussetzungen und mannigfache Möglichkeiten. Wärmepumpe, Fernwärme, Außenluft, Erdwärme, Geothermie, eigens erzeugter Photovoltaikstrom, autarke Systeme… sind nur einige davon. Es gibt hingegen nicht *die* eine Lösung für alle Fälle. In Gebäuden gehören daher die verschiedenen Optionen praxistauglich umgesetzt, um die Energiewende – auch finanziell – für alle erträglich zu machen. Dabei ist zu bedenken: Individuelle Lösungen am Einzelgebäude sind oft unbezahlbar. Im größeren Quartier gelingen Projekte sozialverträglicher, umwelt- und kosteneffizienter, etwa durch serielles Sanieren, Blockheizkraftwerke und digitalisierte Vernetzung.

Gebäudeenergiegesetz: wirklich technologieneutral?

Das im November 2020 in Kraft getretene Gebäudeenergiegesetz (GEG) führte das Energieeinspargesetz, die Energieeinsparverordnung und das Erneuerbare-Energien-Wärmegesetz zusammen und stellte einen zentralen Baustein der deutschen Wärmewende dar. Anfang September 2023 beschloss der Bundestag die zweite Novelle des GEG, wonach ab Januar 2024 möglichst jede neu eingebaute Heizung zu mindestens 65 Prozent mit erneuerbaren Energien betrieben werden muss. „Mit dem Gebäudeenergiegesetz wird die Dekarbonisierung des Wärmebereichs eingeleitet und schrittweise umgesetzt“, verkündete die Regierung großspurig eine strategische Weichenstellung.[41] Die Eckpfeiler lassen sich vereinfacht wie folgt zusammenfassen: Strom aus regenerativen Quellen und Wasserstoff sind die bevorzugten Energieträger der Zukunft. Das war eine fatale Festlegung, die sich in den kommenden Jahren und Jahrzehnten rächen wird. Immerhin: Biomasse, Holz und Pellets wurden ebenfalls als erneuerbare Energien zugelassen. Öl und Gas wurden hingegen auf das Abstellgleis geschoben; diese Defossilisierung war zwar gut und richtig, angesichts der starken politischen Förderung von Gasheizungen über Jahrzehnte hinweg jedoch ein Schlag ins Gesicht all jener, die zuvor dem „Gasgebot“ gefolgt waren.

Im neuen Gebäudeenergiegesetz, das seit Bekanntwerden 2023 heftige Diskussionen ausgelöst hat, ist vorgesehen, dass jede ab 2024 neu eingebaute Heizung (Neubau und Bestand, Wohnhäuser und Nichtwohngebäude) mindestens 65 Prozent erneuerbare Energie nutzen muss. Bestehende Heizungen können weiterverwendet werden. Auch Reparaturen sind weiter möglich. Schluss mit der Nutzung fossiler Brennstoffe in Heizungen soll Ende 2044 sein.[42] Unabhängig davon, wie sich zeitliche Verschiebungen ergeben, könnte das ein gangbarer Weg sein, sofern die im Gesetz vorgesehene Technologieneutralität in der Praxis tatsächlich durchgehalten und nicht etwa durch Förderprogramme, Zuschüsse oder steuerliche Erleichterungen für bestimmte Technologien unterminiert wird. Doch genau das stand an der Wand geschrieben.

Es gibt nach wie vor viele Wohnungen mit einer Gasetagenheizung. Bei anderen stellt Gas die gesamte Hausversorgung sicher, vom Warmwasser bis zur Heizung. Einen Gutteil davon wird man vernünftigerweise eher über Fernwärme- oder Nahwärmenetze regeln, weil es effizienter ist, mit größeren Anlagen viele Gebäude zu versorgen. Auch im ländlichen Raum werden Fern- und Nahwärmenetze häufig die beste Lösung darstellen – oder besser formuliert, *würden* sie die bessere Lösung sein, wenn es sie gäbe. Denn aufgrund des mangelnden Ausbaus der Fernwärmenetze wird das neue Gebäudeenergiegesetz im Endeffekt auf eine massive Privilegierung der Wärmepumpen hinauslaufen. Alternativen wie Pellets oder hybride Systeme sind zwar zugelassen, aber mit Einschränkungen oder Voraussetzungen versehen. Schließlich gibt es auch bei konventionellen Heizsystemen die Möglichkeit, klimaneutral zu sein. Hingegen werden Wärmepumpen vom Gesetzgeber per se als klimafreundlich gewertet, auch dann, wenn sie völlig ohne Ökostrom und ohne eine kombinierte Photovoltaikanlage betrieben werden. Indes stellt die Wärmepumpe in vielen Fällen, etwa bei Fachwerkhäusern, im ländlichen Raum und vor allem beim Altbestand an Gebäuden keinen gangbaren Weg dar.

So kamen 2023 neue „Gebote und Verbote“ auf: Gasheizungen nur noch im Bestand sowie in Neubauten außerhalb von Neubaugebieten, und nur noch nach einer Energieberatung. Ölheizungen wurden praktisch verboten; immerhin durften sie noch repariert werden. Die Option, bei Bestandsbauten, in denen eine Gas- oder Ölheizung kaputt geht, die Regeln des GEG auszusetzen, bis eine gültige regionale Wärmeplanung in der Kommune vorliegt, zögerte die Stromfokussierung zwar etwas hinaus, aber behob nicht den grundlegenden Denkfehler.

Geradezu skurril mutete die Diskussion an, ob noch Gasheizungen einzubauen erlaubt wäre, die auf Wasserstoff umrüstbar seien. Mit Stand 2023 gab es außer Planungsüberlegungen nichts, was die Annahme gerechtfertigt hätte, dass demnächst grüner Wasserstoff in ausreichender Menge für Privathaushalte verfügbar wäre. Eine Studie, die im Sommer 2023 im renommierten Wissenschaftsjournal *Nature* erschien, kam ganz im Gegenteil zu dem klaren Ergebnis, dass Wasserstoff beim Heizen höchstens eine Nische besetzen könnte.[43]

Wärmeplanung mit Lachnummer

Neben dem Gebäudeenergiegesetz kam 2023 noch ein Wärmeplanungsgesetz zum Tragen. Dieses verpflichtete die Bundesländer, eine verbindliche Wärmeplanung zu erarbeiten, wie sie ihre Heizinfrastruktur klimaneutral umbauen wollen. Die Länder können diese Aufgabe an die Kommunen delegieren. Für die Bürger sollte das vor allem Orientierung bieten: Wenn jemand in einem Gebiet lebt, das in naher Zukunft an ein Fernwärmenetz angeschlossen wird, muss er keine teure Wärmepumpe installieren. Gebiete, die nicht an ein solches Wärmenetz angeschlossen werden, können sich darauf einstellen und – mit möglichen Fördermitteln – ihre Heizung umrüsten. Bis zum Jahr 2030 soll dadurch die Hälfte dieser sogenannten „leitungsgebundenen Wärme“ klimaneutral erzeugt werden. Diese Parallelität der Initiativen ist zu begrüßen, denn das Zulassen von Handlungsoptionen ist nicht nur ein Gebot der ökologischen Notwendigkeit und der ökonomischen Vernunft, sondern auch ein Gebot der sozialen Verantwortung. Die Menschen (und Unternehmen) benötigen Planungssicherheit.

Indes sind die Absurditäten absehbar. Beispiel Flensburg: Dort war mit Stand 2023 etwa 90 Prozent der Flensburger Haushalte an ein Fernwärmenetz angeschlossen. Ein Grund zum Jubeln? Eher nicht! Hergestellt wurde die Wärme nämlich fast ausschließlich fossil: gut 70 Prozent mit Steinkohle, 22 Prozent mit Erdgas und zu einem ganz kleinem Anteil aus Heizöl. Flensburg, die Heimatstadt des 2023 amtierenden Wirtschaftsministers, geriet zur energetischen Lachnummer. Immerhin: Bis 2035 will die Stadt klimaneutral werden. Dazu soll eine Großwärmepumpe dem Fördewasser Wärme entziehen, um mit Strom aus erneuerbaren Energien Fernwärmewasser mit 60 bis 85 Grad Celsius zu erhalten.[44] Wer glaubt, dass die rund 11.000 Kommunen in Deutschland bis Ende 2028 eine Wärmeplanung beschlossen und umgesetzt haben, der lebt in einer anderen Welt. So viele Fachleute, um die Planungen so schnell durchzuführen, gibt es gar nicht. Es ist ein weiteres Hirngespinst in einer langen Liste von ideologisch geprägten unsäglichen Entscheidungen der Politik.

Und so lautete das politische Signal des Jahres 2023: Damit die Welt nicht am Klimawandel zugrunde geht, müssen wir alle eher heute als morgen ein neues E-Auto kaufen, unsere Heizung auf die Wärmepumpe umstellen und so schnell wie möglich alles energieeffizient sanieren, bis hin zur Fußbodenheizung. Das kostet Geld, viel Geld, und deshalb gibt der Staat in seiner Güte sogar etwas dazu. Hinzu kamen politische Nebeneffekte: Während Deutschland auf eine strombasierte Wirtschaft und Gesellschaft umstellte, wurden gleichzeitig die letzten Atomkraftwerke und die Braunkohlekraftwerke abgeschaltet, die beide eine Grundversorgung mit Strom gesichert hätten. In der Ukraine, dem Land, das Deutschland nicht nur mit moralischer Unterstützung, sondern auch mit Waffen versorgte, um sich gegen Russland zu wehren, galten Kernkraftwerke hingegen als politisch und moralisch „in Ordnung, solange die Dinger sicher laufen. Sie sind ja gebaut.“[45] Nur: Das galt auch für die deutschen Atommeiler, die 2023 dennoch vom Netz genommen wurden. Es war sicherlich auch diese Doppelmoral, die der Energiewende in Deutschland eine wesentliche moralische Grundlage entzog.

Sprechen wir ein paar Seiten lang über Wärmepumpen, dem scheinbaren „Allheilmittel“ der grünen Energiewende.

Wärmewende ist nicht Wärmepumpe

Um es deutlich zu sagen: Wärmepumpen sind nützliche Gerätschaften und der Einsatz ist in vielen Fällen sinnvoll – aber in vielen eben auch nicht. Es ist ein schwerwiegender Fehler, alles auf die „Karte Wärmepumpe“ zu setzen, statt im Sinne der Technologieoffenheit eine ganze Palette an Alternativen für unterschiedliche Einsatzszenarien zu forcieren. Wärmepumpen gehören in jeden vernünftigen Plan zur Energieversorgung Deutschlands – aber nur in einem vernünftigen Ausmaß, keineswegs als „Allheilmittel“.

Wie schwierig unter ungünstigen Umständen der Einbau einer Wärmepumpe sein kann, mussten ausgerechnet Die Grünen – also die Partei, die am stärksten darauf pochte – selbst erleben. Wie 2023 bekannt wurde, hatte die Partei mehr als dreieinhalb Jahre lang vergeblich versucht, in ihre Parteizentrale eine Wärmepumpe einzubauen. Um in dem Gebäude in Berlin-Mitte ganz im Sinne der Partei-Ideologie klimaneutral heizen zu können, musste zunächst ein aufwendiges System aus Rohren und Kabeln verlegt werden. Damit die Pumpe überhaupt funktionieren und Wärme im Haus verteilen konnte, musste zudem ein tiefes Loch für eine Erdwärmesonde gebohrt werden. Dafür brauchte es eine Genehmigung, eine Spezialmaschine, die über das Dach in den Innenhof der Geschäftsstelle gehoben werden musste, und geschultes Personal. Die Kosten betrugen am Ende rund fünf Millionen Euro.

Das Bau-Fiasko der Grünen stand im Kontrast zu den politischen Plänen der Partei: Mit dem Gebäudeenergiegesetz sollte die Wärmewende vorangetrieben werden – auch in Altbauten wie der Zentrale der Grünen.[46]

Wie die Wärmepumpe funktioniert

Bei vielen Diskussionen um die Wärmepumpe gewinnt man häufig den Eindruck, dass gar nicht jedem klar ist, wie ein solches Gerät überhaupt funktioniert. Schauen wir daher einmal genauer auf die Funktionsweise:

Das Prinzip der Wärmepumpe kennt im Grunde jeder von uns – vom Kühlschrank zu Hause. Ein Kühlschrank zieht die Wärme aus seinem Inneren und gibt sie nach außen ab. Genau das Gleiche macht die Wärmepumpe, nur umgekehrt. Sie entzieht der Umwelt Wärme und gibt sie ins Haus ab.

Im Einzelnen geht das wie folgt vor sich: Die Wärmepumpe entzieht der Luft, dem Grundwasser oder dem Erdreich Wärme. Diese wird auf ein Kältemittel übertragen, das bereits bei niedrigen Temperaturen verdampft. Das gasförmige Kältemittel wird in den Verdichter geleitet und dort komprimiert. Durch die Kompression erhöht sich der Druck und somit die Temperatur des Kältemittels. Dadurch entsteht heißer Dampf, der durch einen Verflüssiger geleitet wird. Dort gibt das Kältemittel seine Wärme ab und kondensiert. Die abgegebene Wärme wird zum Heizen des Hauses genutzt. Zum Schluss passiert das Kältemittel das Expansionsventil, es dehnt sich aus und kühlt ab. Dann geht es von vorne los: Das Kältemittel nimmt erneut Wärme aus der Umwelt auf und der Kreislauf beginnt von neuem.

Eine Wärmepumpe kann auch im Sommer zur Kühlung eines Gebäudes verwendet werden, indem der Prozess umgekehrt und Wärme aus dem Gebäude in die Umgebung abgeführt wird.

Warum die Wärmepumpe häufig Unsinn ist

Die Politik versucht uns seit 2023 die elektrische Wärmepumpe als universelles Heizgerät zu verkaufen. In allen Gebäuden sollen möglichst rasch elektrische Wärmepumpen, Fernwärme und regenerative Energien für unser Wohlbefinden sorgen. Das klingt wie ein Märchen für Kinder: Dem zu dieser Zeit zuständigen Wirtschaftsminister – der übrigens vor seinem Einstieg in die Politik tatsächlich Kinderbücher geschrieben hat – ist über Nacht die Lösung für alle unsere Energieprobleme eingefallen, und die heißt Wärmepumpe. Doch in Wahrheit handelt es sich dabei um Wunschdenken, gebaut auf Unwissenheit. Man würde es als Irrweg abtun, wenn sich dieses absurde Konzept nicht als bestimmender politischer Faktor gerieren würde. So wird es zum frustrierenden Beispiel dafür, wie auf Ideologie und Unwissenheit basierende Politik zum Totengräber für unsere Wirtschaft und damit unseren Wohlstand wird, ohne auch nur einen Deut zur Verbesserung der Klimalage beizutragen.

Wie absurd die Überall-Wärmepumpen-Strategie ist, zeigt ein einziges Beispiel: Die Wärmepumpe wird besonders ineffizient, wenn eine längere Kältewelle vorherrscht. Dann sind die auf dem Dach oder im Garten stehenden Wärmetausch-Ventilator-

Einrichtungen häufig nicht in der Lage, genügend Wärme zu erzeugen. Es mag bei einem Einfamilienhaus noch funktionieren, aber bei mehrstöckigen Straßenzeilen in den Städten ist die Funktionsweise der Wärmepumpen bei Kälte in Frage gestellt. Hinzu kommt, dass dadurch unser elektrisches Netz gerade dann beansprucht wird, wenn gleichzeitig die wachsende Zahl der Elektroautos besonders viel Strom benötigen, ebenso wie etwa das Internet überdurchschnittlich rege nachgefragt wird – im Winter. Es sei daran erinnert, dass Filme jedweder Art heutzutage in der Regel über das Internet gestreamt und nicht mehr auf althergebrachte Weise über Antennen verteilt werden. In dieser Situation im großen Stil auf Wärmepumpen zu setzen und damit den Stromverbrauch weiter in die Höhe zu treiben, ist an Irrsinn kaum zu überbieten. Diese Energie- und Klimapolitik gefährdet den Sozialstaat, den Mittelstand – also das Herzstück der deutschen Wirtschaft – und zudem den Klimaschutz selbst.

Plus-Energiehäuser bei Neubauten

Bei Neubauten stellen sich in der Regel keine Probleme ein, eine Wärmepumpe zu installieren. Ganz im Gegenteil sind bei neuen Gebäuden ohne weiteres Plus-Energiehäuser errichtbar.

Ein Plus-Energiehaus funktioniert wie eine kleine, selbstständige Energiezentrale. Es produziert mehr Energie, als es verbraucht. Es nutzt erneuerbare Energien, Sonnenkraft, Windenergie, und sogar die Wärme, die wir Menschen abgeben. Die Energie, die es nicht benötigt, speist es zurück ins Netz.

So sind Plus-Energiehäuser sehr gut isoliert, um Wärmeverluste zu minimieren und den Energiebedarf für Heizung und Kühlung zu reduzieren. Sie nutzen effiziente Fenster, Türen und Dämmmaterialien sowie energieeffiziente Haushaltsgeräte und Beleuchtung. Plus-Energiehäuser erzeugen ihren eigenen Strom und Wärme aus erneuerbaren Energiequellen wie Solarmodulen (Photovoltaik), Solarthermie, Windkraft oder Erdwärme (Geothermie). Ein effizientes Energiemanagementsystem überwacht und steuert den Energieverbrauch und die Energieerzeugung im Haus. Es optimiert den Energiefluss, um den Eigenverbrauch zu maximieren und den Bedarf an externer Energie zu minimieren. Es kann also kein Zweifel daran bestehen, dass es gut ist, künftig Gebäude nach den Prinzipien eines Plus-Energiehauses zu gestalten. Bislang wurden mehr als 20.000 Plus-Energie-Häuser in Deutschland errichtet. Das klingt gut, aber tatsächlich ist das rund ein Zehntel von einem Prozent aller Wohngebäude in Deutschland. Im Volksmund nennt man das „Fliegenschiss“.

Mehr Optionen für rund 20 Millionen Wohngebäude

Aber für den Häuserbestand stellt dies keine Lösung dar. Wir haben laut Statistischem Bundesamt rund 20 Millionen Wohngebäude in Deutschland (Ein- und Mehrfamilienhäuser zusammengenommen). Es ist unmöglich, diese auf Wärmepumpen umzurüsten – häufig technisch unmöglich, in vielen Fällen unsinnig und für viele Eigentümer schlichtweg unbezahlbar. Nehmen wir das Beispiel eines Vermieters aus Heilbronn, der sich im Frühjahr 2023 in einem offenen Brief an Bundeskanzler Olaf Scholz gewendet hat:[47]

Sehr geehrter Herr Bundeskanzler, lieber Olaf Scholz,

ja, Umwelt- und Klimaschutz sind sehr wichtig und es gibt wohl fast niemanden mehr in Deutschland, der den #Klimawandel nicht bekämpfen will. Aber dies muss zwingend wohl überlegt und sozial verantwortungsvoll geschehen! Gerade Sie als Bundeskanzler der Sozialdemokratischen Partei Deutschlands (SPD) sind hier besonders gefordert!

Ich möchte Ihnen kurz ein Beispiel geben. Nehmen wir ein 3-Familienhaus aus den 1930-Jahren mit 3 Wohnungen a 100qm und Gasetagenheizungen aus den 1990er Jahren. Miete laut Mietspiegel in meiner Heimatstadt #Heilbronn 7,20 Euro für den Quadratmeter. Aktueller Wert des energetisch unsanierten Gebäudes 1.000.000 Euro. Die Mieter sind Familien mit Kindern und „normalen" Einkommen.

Nehmen wir jetzt also weiter an, eine der Gasetagenheizungen ist ab 2024 irreparabel defekt. Am Ende des Tages bedeutet dies trotz aller Beteuerungen Ihrer Regierung die energetische Sanierung. Sprich neues Dach mit Photovoltaik, Wärmepaket nebst neuen Fenstern und Außentüren und dreimal Wärmepumpe. Das alles ist kaum unter 400.000 Euro zu bekommen. Rechnen wir alle derzeit möglichen Zuschüsse ab, sind wir immer noch bei über 270.000 Euro. Acht Prozent könnte man theoretisch auf die Mieten umlegen, aber das würde die Mieten nahezu verdoppeln. Hinzu kommt, dass die Modernisierungsumlage bundesweit seit dem 1. Januar 2019 begrenzt ist. Die Kappungsgrenze liegt bei

3 Euro pro Quadratmeter innerhalb von 6 Jahren. Macht für die Mieter dann aber trotzdem nach erfolgter energetischer Sanierung eine Mieterhöhung von 300 Euro und damit von circa 40 Prozent! Für derartige Mieter kaum leistbar. Greift die Mietpreisbremse aufgrund der umfangreichen Sanierung nicht, verdoppeln sich die Mieten.

Hinzu kommt: Die Wohnungen sind in den Innenräumen immer noch unsaniert, aber schon jetzt fährt der Eigentümer und Vermieter jedes Jahr bei den üblichen Marktzinsen nach einer Sanierung erhebliche Verluste ein. Die Konsequenz: Entweder verkauft er und macht Kasse oder aber das Gebäude wird abgerissen und es entsteht ein Neubau mit ca. doppelter Wohnfläche und Mieten um die 17-18 Euro. Das lohnt sich dann tatsächlich wieder.

Ach ja, die Mieter? Die können sich in beiden Fällen diese Mieten schlichtweg nicht mehr leisten. Glauben Sie nicht? Dann darf ich Sie ganz persönlich samt Ihren Ministern Dr. Robert Habeck von Bündnis 90/Die Grünen und Christian Lindner von der FDP Freie Demokraten nach Heilbronn zur Besichtigung meiner Immobilie einladen. Als verantwortungsvoller Vermieter habe ich tatsächlich keine Lösung, aber Sie werden mir diese sicherlich aufzeigen.

Dass eine sozialdemokratisch geführte Regierung – wohlgemerkt nicht nur die „kleinen Leute"" sondern auch „Ottonormalverbraucher" derart zur Kasse bittet – ist zutiefst asozial. Oder eben unverantwortlich!

Der Leserbrief beschrieb natürlich nur einen Einzelfall und es gibt sehr viele unterschiedliche Fälle. Aber genau das ist der Punkt: Die Politik hat versucht, praktisch alle Fälle mit der Wärmepumpe zufriedenzustellen. Das ist gleich aus mehreren Gründen zum Scheitern verurteilt. Natürlich braucht Deutschland (auch) auf dem Gebäudesektor mehr Klimaschutz. Aber dazu müssen *alle* Optionen herangezogen werden.

Wärmewende mit einem breiten Spektrum

Gas, Wärmepumpe, Photovoltaik, Wasserstoff, Methanol, E-Fuels... es gibt eine Vielzahl von Optionen, die allesamt die Nachhaltigkeit der Energieversorgung verbessern können. Und es kommen stetig neue Alternativen hinzu. Dieser Vielfalt zum Trotz steht in der deutschen Energiepolitik der aus Solarzellen und Windrädern erzeugte grüne Strom an erster Stelle – also hat die Politik auf diesen beiden Gebieten eine besonders weitsichtige Strategie verfolgt, sollte man meinen. Pustekuchen! Die Photovoltaikanlage auf dem Dach, mit der jeder Haushalt selbstständig Strom produzieren kann, hätte eigentlich ein Vorbild sein können, wie neue Technologien zunächst noch teuer sind, aber dann durch Massenproduktion die Kosten rapide fallen. Doch die Entwicklung der Photovoltaik in Deutschland geriet zu einem Menetekel, wie im nächsten Kapitel dargestellt.

Die Sonne scheint, der Wind weht… gelegentlich

„Und immer immer wieder geht die Sonne auf“ sang schon Udo Jürgens 1971. Das Lied entwickelte sich geradezu zu einer Hymne auf den Optimismus. Und wenn wir morgens aus dem Fenster schauen, stellen wir fest: der beliebte Schlagersänger hatte Recht – mehr oder minder. Denn es gibt sonnige und trübe Tage. Was heißt das für unser Thema? Die Idee, die Energie der Sonne zu nutzen, um damit elektrischen Strom herzustellen, ist genial. Nur: Es muss klar sein, dass die Intensität der Sonnenstrahlung in unseren Breitengraden arg wankelmütig ist. Ähnliches gilt für den Wind. Die im Wind steckende Energie zur Stromerzeugung zu nutzen, ist ein fantastisches Konzept. Aber jeder weiß, dass der Wind mal stärker und mal schwächer weht, und gelegentlich sogar Windstille herrscht.

Sonne und Wind sind also gute, aber keineswegs verlässliche Energiequellen. Umso erstaunlicher mutet es an, dass sich das nachhaltige Energiekonzept Deutschlands ausgerechnet zu weiten Teilen auf diese beiden unsteten Gesellen fokussiert.

Photovoltaik: ein Menetekel

Die Geschichte der Photovoltaik reicht zurück bis in die 1970er und 1980er Jahre, als erste Forschungsprojekte und Pilotanlagen entstanden. Die Ölkrise in dieser Zeit führte zu einem verstärkten Interesse an alternativen Energiequellen, und die Sonnenenergie rückte ins Rampenlicht. Ingenieure entwickelten die ersten Solarzellen, die Sonnenlicht in elektrische Energie umwandeln konnten.

In den 1990er und 2000er Jahren wurde die Photovoltaik-Technologie durch politische Maßnahmen wie das Erneuerbare-Energien-Gesetz (EEG) von 2000 stark gefördert. Infolgedessen erlebte Deutschland einen massiven Boom bei der Installation von Solarmodulen, und deutsche Unternehmen wurden zu wichtigen Akteuren auf dem globalen Markt. Doch trotz des starken Wachstums der Photovoltaikindustrie in Deutschland begann in den späten 2000er und frühen 2010er Jahren eine Verlagerung der Produktion von Solarmodulen nach China. Dies geschah aus mehreren Gründen: Kostenvorteile, Skaleneffekte und Industriepolitik. Am Ende bewahrheitete sich der Song „The Winner takes it all“ der Popgruppe Abba – China hat die Führung in der Solarindustrie übernommen, von Deutschland ist in dieser Branche nichts übrig geblieben – wenn man davon absieht, dass wir nunmehr die Solarmodule aus dem Fernen Osten beziehen.

Wenig Augenmerk auf globale Entwicklungen

Das Desaster mit der Photovoltaik in Deutschland kam nicht von ungefähr. Genau wie die heutige Regierung hatten auch schon frühere Regierungen bei Energiefragen wenig Augenmerk auf die globalen Entwicklungen. Über Jahrzehnte hinweg lag der Fokus der deutschen Industriepolitik stark auf der Inlandsnachfrage und den Einspeisevergütungen.

Der deutschen Industriepolitik fehlte eine langfristige Strategie, um die Photovoltaikindustrie und ihre Wettbewerbsposition auf dem globalen Markt zu stärken. Weder die Fördermaßnahmen noch die staatlichen Subventionen wurden an die sich ändernden Marktbedingungen angepasst. Hinzu kamen eine schwerfällige Bürokratie mit einer Regulierung, die den Photovoltaikmarkt gebremst haben, zum Beispiel durch langwierige Genehmigungsverfahren und das Fehlen eines günstigen Rahmens für den weiteren Ausbau der Photovoltaikkapazitäten. Im Endeffekt ist heute ein Großteil der Photovoltaikindustrie in China ansässig, ein weiterer Teil in den USA.

Was hat Deutschland daraus gelernt? Nichts!

Und was hat der deutsche Gesetzgeber daraus gelernt? Wenig, wie ein Blick auf die Solarpolitik des Jahres 2023 zeigt. Zum Reigen der propagierten „Lösungen“ gehörte nämlich auch die Solardachpflicht für alle Immobilienbesitzer. Das Umweltbundesamt empfiehlt dabei, anstatt der Eigennutzung des erzeugten Photovoltaikstroms diesen in das Netz einzuspeisen. Das ist sozial und energiepolitisch fragwürdig.

Rechnen wir nach: Die Einspeisevergütung beträgt teils nur ca. 8,2 Cent/kWh, der Einkaufspreis liegt aber im Mittel bei 32,4 Cent/kWh.[48] Mit anderen Worten: Der Gesetzgeber verknappt das Energieangebot und die Bürger sollen die Energieversorgung mit sichern und dabei sogar noch draufzahlen. Zudem wäre es wirtschaftspolitisch unklug, wenn der Anteil des im Haushalt erzeugten Photovoltaikstroms eine unverzichtbare

Säule der deutschen Energieversorgung würde, weil die damit verbundenen Fragen kaum zu beantworten sind.

Was passiert, wenn nicht alle Strom erzeugen können? Wie will man Erneuerungszyklen und Effizienz der Anlagen kontrollieren? Und ist das mit Eigentumsschutz vereinbar? Fragen über Fragen, auf die die Politik keine befriedigenden Antworten hat. Es wurde geradezu zu einen „Markenzeichen" der deutschen Energiepolitik, dass sie mehr Fragen produzierte als Antworten gab, geschweige denn Lösungen für die Nöte der Bürger und den Bedarf der Industrie fand.

Deutschlands Dächer und Parkplätze zudecken?

Es ist schlichtweg Unfug, wenn Teile der Politik behaupten, dass für die Energieversorgung Deutschlands viel getan sei, wenn möglichst viele Hausdächer mit Solarzellen bedeckt würden. Das ist zwar auf den ersten Blick ein guter Gedanke und Solardächer haben zweifelsohne ihre Berechtigung. Aber ein Blick auf die Realität anhand einer Modellrechnung zeigt die Grenzen deutlich auf. Greifen wir noch einmal zum Taschenrechner.

Der gesamte Energieverbrauch Deutschlands beträgt laut der Internationalen Energieagentur etwa 2.600 Terawattstunden (TWh) pro Jahr (Stand 2019). Dies umfasst alle Formen von Energie, einschließlich Elektrizität, Wärme und Verkehr. Das Fraunhofer-Institut für Solare Energiesysteme schätzt in einer Studie von 2020, dass die potenzielle Solarenergiekapazität auf Gebäudedächern in Deutschland etwa 161 GWp (Gigawatt-

Peak) beträgt. Ein Gigawatt-Peak entspricht der Leistung, die eine Solaranlage unter optimalen Bedingungen (volle Sonneneinstrahlung, optimale Ausrichtung, keine Schatten etc.) erzeugen kann. Natürlich variiert die tatsächliche jährliche Energieproduktion je nach vielen Faktoren, darunter die Sonneneinstrahlung und die Effizienz der Solarzellen. Eine grobe Schätzung ist, dass 1 GWp an installierter Solarkapazität in Deutschland etwa 950 GWh an Energie pro Jahr erzeugen kann.

Mit diesen Annahmen könnten wir folgende Berechnung anstellen:

161 GWp * 950 GWh/GWp = 152.950 GWh = 152,95 TWh

Diese Zahl entspricht etwa 5,9 Prozent des gesamten Energieverbrauchs Deutschlands. Beziehen wir weitere potenzielle Solarflächen wie Parkplätze oder Freiflächen ein, würde sich die installierte Solarleistung auf insgesamt 400 GWp erhöhen.

Mit der gleichen Annahme wie zuvor, dass ein GWp an installierter Solarkapazität in Deutschland etwa 950 GWh an Energie pro Jahr erzeugen kann, könnten wir folgende Berechnung vornehmen:

400 GWp * 950 GWh/GWp = 380.000 GWh = 380 TWh

Anders ausgedrückt: Würde man Deutschlands Dächer, Parkplätze und Freiflächen mit Sonnenkollektoren zupflastern, könnten wir damit nicht einmal 15 Prozent unseres Energiebedarfs decken.

Zur Klarstellung: Natürlich ist es unrealistisch, von einer mehr oder minder vollständigen Solarbedeckung auszugehen. Aber die Größenordnung und die Realitätsnähe von Energiestrategien lässt sich damit sehr wohl abschätzen.

329.614 Windräder für Deutschland

Wir setzen nicht nur auf Solar-, sondern auch auf Windenergie, lautet ein gängiges Argument aus der Politik, wenn es um die Versorgung Deutschlands mit regenerativen Energien geht. Das stimmt, die Nutzung der Windenergie begann in Deutschland in den 1980er Jahren. In den 1990ern Jahren erkannte die Politik das Potenzial der Windenergie und führte Förderprogramme ein. Dadurch entstand ein regelrechter Boom und es wurden immer mehr Windparks errichtet. Mit dem Erneuerbare-Energien-Gesetz (EEG) im Jahr 2000 erhielt die Windenergie einen weiteren Schub. Das Gesetz regelte die Vergütung für den in das Stromnetz eingespeisten Windstrom und schaffte dadurch Anreize für den weiteren Ausbau von Windparks.

Aber ähnlich wie bei der Solarenergie scheint sich kaum jemand die Mühe zu machen, auch nur überschlägig nachzurechnen, wohin uns das führen wird. Unternehmen wir in diesem Buch einen Versuch dazu: Hierzu müssen wir zunächst den Fragen nachgehen, wie viel Energie ein durchschnittliches Windrad erzeugen kann und wie viel Energie Deutschland insgesamt verbraucht. Suchen wir Antworten auf beide Fragestellungen.

Die Leistung eines Windrads hängt von vielen Faktoren ab. Da ist zum einen die Größe der Turbine und Rotoren. Ein größeres Rad kann natürlich mehr Wind einfangen und in Energie umwandeln. Aber die Größe ist nicht alles. Auch die Höhe des Turms spielt eine wesentliche Rolle. Je höher der Turm, desto stärker und konstanter ist oft der Wind. Zudem sind die Windgeschwindigkeit und die Dauer der Winde entscheidend. Bei zu wenig Wind bleibt das Rad stehen, bei zu viel muss es abgeschaltet werden, um Schäden zu vermeiden.

Eine gängige Größe für Onshore-Windräder, also Windräder, die auf dem Land stehen, ist eine Nennleistung von etwa 3 MW (Megawatt). Bei optimalen Windbedingungen (das heißt, der Wind bläst mit genau der richtigen Geschwindigkeit) könnte solch eine Turbine 3 MW Strom erzeugen. Allerdings sind die Windbedingungen in der Realität nicht immer optimal. Ein typischer Faktor, der den Unterschied zwischen (theoretischer) Nennleistung und tatsächlicher durchschnittlicher Leistung berücksichtigt, liegt bei etwa 30 Prozent.

Das bedeutet, dass eine typische 3-MW-Turbine im Durchschnitt etwa 0,3 * 3 MW = 0,9 MW produziert. In einem Jahr (das sind 8.760 Stunden) würde eine solche Turbine also rund 0,9 MW * 8.760 Stunden = 7.884 MWh (Megawattstunden) oder etwa 7,884 GWh (Gigawattstunden) Strom erzeugen.

Um den gesamten Energieverbrauch Deutschlands von insgesamt 2.600.000 GWh (oder 2.600 TWh) zu decken, bräuchte man also etwa 2.600.000 GWh / 7,884 GWh = 329.614 Windräder.

Um diese beinahe 330.000 Windräder aufzustellen, wäre eine Fläche von insgesamt etwa 3.300 Quadratkilometer vonnöten. Das ist mehr, als die fünf größten Städte Deutschlands – Berlin, Hamburg, München, Köln und Frankfurt am Main – zusammen aufweisen. Realitätsnäher ist wohl eine Aufstellung auf landwirtschaftlich genutzten Flächen. Auch dazu ein Modell:

Die Landwirtschaft in Deutschland beansprucht etwa die Hälfte der Gesamtfläche des Landes, was rund 168.000 Quadratkilometern entspricht. Wir könnten also versuchen, die benötigten Windräder auf dieser Fläche zu verteilen. Zuvor hatten wir geschätzt, dass wir 329.614 Windräder mit einem Platzbedarf von insgesamt etwa 3.296,14 Quadratkilometern benötigen würden, um den gesamten Energiebedarf Deutschlands zu decken. Dies ist also deutlich weniger als die gesamte landwirtschaftlich genutzte Fläche von 168.000 Quadratkilometern.

Ist das realistisch? Eher nicht, denn die Konflikte mit der landwirtschaftlichen Nutzung sind absehbar, da Windräder und ihre Infrastruktur den Anbau von Pflanzen oder die Tierhaltung stark beeinträchtigen. Ein immerhin interessanter Aspekt ist jedoch die Möglichkeit der Kombination von Windenergie und Landwirtschaft auf der gleichen Fläche, analog zur „Agrophotovoltaik“ oder „Agri-PV“. Bei dieser Methode werden Solarpaneele auf Ständern über landwirtschaftlichen Flächen montiert, sodass die Fläche gleichzeitig für die Energieerzeugung und für die Landwirtschaft genutzt werden kann. Ähnliches könnte auch mit Windrädern und Landwirtschaft passieren, wobei die Turbinen weit genug auseinander stehen, um den

Ackerbau oder die Weidehaltung zwischen ihnen zu ermöglichen.

Doch wie realistisch ist die Errichtung von mehr als 300.000 Windrädern in Deutschland? Zum Vergleich: Derzeit gibt es etwas mehr als 30.000 installierte Windturbinen mit einer Gesamtkapazität von etwa 60 Gigawatt in Deutschland, was uns immerhin zu einem der weltweit führenden Länder im Bereich der Windenergie macht.

Offshore-Windräder, die im Meer laufen, werden in vielen Diskussionen häufig als Lösung herangezogen. Blicken wir auf die Realität: Insgesamt gibt es rund 1.500 Offshore-Windräder in der Nord- und Ostsee. Das entspricht einer Windkapazität von etwa 8 GW (Gigawatt). Zusammen mit den über 30.000 Onshore-Windrädern kommt man also auf insgesamt über 31.500 Windräder in Deutschland. Die kumulierte Onshore- und Offshore-Windkapazität beträgt also etwa 68 GW. Die Windenergie deckt somit geschätzt rund 10 bis 15 Prozent des gesamten Energieverbrauchs Deutschlands.

Unter den positivsten Annahmen könnte Sonnen- und Windenergie also 30 Prozent des Energiebedarfs der Bundesrepublik Deutschland decken. Was heißt das? Alle Dächer, Parkplätze und Freiflächen sind mit Sonnenkollektoren übersäht, überall stehen Windräder, die Sonne strahlt permanent, der Wind bläst stets mit optimaler Geschwindigkeit und man möchte beinahe sagen, es wird nachts nicht dunkel, um klarzumachen, dass diese Annahmen völlig an der Realität vorbeigehen. Das gilt auch für eine Politik, die auf diesen Annahmen basiert und die

Realitätsferne entweder gar nicht begreift und leugnet, weil sie nicht ins eigene Weltbild passt.

Um keine Missverständnisse aufkommen zu lassen: Natürlich gehört die Nutzung der Solar- und Windenergie in jeden vernünftigen Plan zur Energieversorgung Deutschlands – aber nur in einem vernünftigen Maße. Und wenn man betrachtet, in welchem Ausmaß Windkraftanlagen die Landschaften zerstören, dann ist die Nutzung des Windes mit den heutigen Methoden, sagen wir, zumindest zweifelhaft.

Blicken wir nach der Solar- und der Windenergie auf zwei andere Felder des Energiespektrums: die Kraftwärmekopplung und die Nutzung von Biomasse.

Kraftwärmekopplung und Biomasse

Die Kraftwärmekopplung (KWK) kann sowohl für Haushalte als auch für die Industrie große Vorteile bieten. Es geht darum, zwei Fliegen mit einer Klappe zu schlagen – oder besser gesagt, mit einer Energiequelle sowohl Strom als auch Wärme zu erzeugen.

Eine Analogie: Wenn man normalerweise einen Ofen betreibt, um einen Raum zu beheizen, entsteht auch Rauch, der einfach in die Luft geblasen wird. In einem Kraftwärmekopplungssystem ist das so, als ob man diesen Rauch einfängt und ihn dazu nutzt, noch mehr Wärme zu erzeugen.

Bei einer herkömmlichen Stromerzeugung im Kraftwerk wird nur ein kleiner Teil der eingesetzten Energie tatsächlich in Strom umgewandelt. Der geht leider verloren, er verpufft sozusagen wie der Rauch aus dem Ofen. Das ist so, als ob man eine Tasse heißen Tee macht und dann nur einen Schluck trinkt, während der Rest kalt wird.

Tasse Tee, um die Hände zu wärmen

Bei der Kraftwärmekopplung wird dieser Rest nicht nur genutzt, sondern er wird sogar maximiert. Das ist, als ob man den Tee nicht nur trinkt, sondern gleichzeitig die Wärme der Tasse nutzt, um seine Hände zu wärmen, um im Beispiel zu bleiben.

Kraftwärmekopplungsanlagen, die in Haushalten, Gewerbebetrieben oder Industrieanlagen installiert werden, bestehen im Wesentlichen aus einem Verbrennungsmotor oder einer Gasturbine, die mit fossilen oder regenerativen Brennstoff betrieben werden. Der Motor bzw. die Turbine treibt einen Generator an, der Strom erzeugt. Die dabei entstehende Abwärme wird direkt zur Beheizung von Gebäuden oder zur Erzeugung von Prozesswärme genutzt. Dazu ist es erforderlich, die Abwärme aus dem Motor oder der Turbine effizient zu nutzen, beispielsweise indem sie in einem Wärmetauscher an das Heizungssystem oder das Warmwassernetz angeschlossen wird. Auf diese Weise kann die Kraftwärmekopplungsanlage einen erheblichen Teil des Wärmebedarfs decken, der normalerweise durch eine separate Heizungsanlage bereitgestellt werden müsste.

Gleichzeitige Nutzung von Strom und Wärme

Die Vorteile der Kraftwärmekopplung liegen auf der Hand: Zum einen wird durch die gleichzeitige Nutzung von Strom und Wärme die Energieeffizienz erheblich gesteigert. Die Abwärme, die sonst ungenutzt verloren gehen würde, wird sinnvoll verwendet und trägt zur Reduzierung des Energieverbrauchs bei. Dadurch können sowohl die Kosten für Energie als auch die Umweltbelastung deutlich gesenkt werden. Zum anderen bietet die Kraftwärmekopplung eine hohe Versorgungssicherheit. Da die Anlagen dezentral betrieben werden können, sind sie weniger anfällig für Stromausfälle oder Netzstörungen. Fazit: Die Kraftwärmekopplung gehört auf jeden Fall in eine Strategie zur Energieversorgung Deutschlands.

Wenden wir uns nach der Kraftwärmekopplung einer anderen Methode zu, mit der sich ebenfalls Strom und Wärme erzeugen lässt: der Nutzung von Biomasse.

Wie Sch…. in Energie umgewandelt wird

Biomasse bezeichnet alle organischen Materialien, die durch Fotosynthese entstanden sind. Dies umfasst eine Vielzahl von Materialien wie Holz, Pflanzen, landwirtschaftliche Abfälle, Algen und auch organische Abfälle wie etwa Gülle.

Biomasse spielt eine wichtige Rolle bei der Energieversorgung in Deutschland. So bezieht unser Land immerhin acht bis neun Prozent seiner Gesamtstromerzeugung aus Biomasse. Es wird sowohl zur Wärme- als auch zur Stromerzeugung genutzt. Bioenergie ist eine nachhaltige Energieform, wenn man dafür sorgt, dass bei der Verbrennung nur so viel CO2 freigesetzt wird, wie die Pflanzen zuvor während des Wachstums aufgenommen haben.

In Deutschland gibt es Tausende von Biogasanlagen, die Biomasse in Form von landwirtschaftlichen Reststoffen wie Gülle und Pflanzenabfällen nutzen, um Biogas für die Stromerzeugung zu produzieren. Ja, Sie haben richtig gelesen, man kann „Sch….“ in Gold oder besser gesagt in Strom verwandeln. Hierzu wird die Gülle in einem luftdichten Behälter, dem Fermenter, vergoren. Das dabei entstehende Biogas, eine Mischung aus Methan und Kohlendioxid, wird gesammelt und kann zur Erzeugung von Wärme und Strom genutzt werden. In vielen landwirtschaftlichen Betrieben wird genau diese Methode verwendet, um Abfallprodukte in Energie umzuwandeln und gleichzeitig die Emissionen zu reduzieren. Es hilft auch, das Problem der Gülleentsorgung zu lösen, da zu viel Gülle das Grundwasser mit Nitraten belasten kann. Zusätzlich zum Biogas wird bei diesem Prozess auch ein Rückstand erzeugt, der als Dünger in der Landwirtschaft verwendet werden kann. Das macht die Energiegewinnung aus Gülle zu einem nachhaltigen Kreislauf.

Angesichts von rund 200 Millionen Tonnen Gülle pro Jahr ist das Potenzial von Biogas immens. Geht man davon aus, dass im Durchschnitt etwa 20 bis 30 Kubikmeter Biogas aus einer Tonne Rindergülle erzeugt werden können, und dieses Biogas einen Energiegehalt von etwa 6 kWh pro Kubikmeter aufweist, könnte eine Tonne Gülle etwa 180 kWh Energie liefern. Hochgerechnet erhalten wir eine potenzielle Energieproduktion von etwa 37 TWh pro Jahr. Freilich ist das nur eine grobe Schätzung, aber sie zeigt das Potenzial.

Machen wir die Sache anschaulicher: Mit der jährlichen Gülleproduktion eines einzigen Rindviehs ließe sich ein Smartphone 540.000-mal aufladen. Da die meisten Menschen ihr Smartphone nur einmal pro Tag laden, würde diese Energie also reichen, um das Gerät fast 1.500 Jahre lang mit Strom zu versorgen. Zum Laden eines Elektroautos könnte das Rind mit seiner jährlichen Gülle indes lediglich 45-mal beitragen. Gülle ist also besser zum Telefonieren und weniger zum elektrischen Fahren geeignet, könnte man vereinfacht sagen.

Doch Biomasse ist natürlich mehr als Gülle. Dazu gehören Holzpellets, hergestellt aus Holzabfällen, die zur Wärmeerzeugung in Wohnhäusern und Gewerbegebäuden verwendet werden. Zudem werden Pflanzenöle und zuckerhaltige Pflanzen wie Raps und Zuckerrüben verwendet, um Bioethanol und Biodiesel zu produzieren, die als Kraftstoffe für Fahrzeuge dienen. Es gibt einige Biomassekraftwerke in Deutschland, die organische Materialien verbrennen, um Wärme und Strom zu erzeugen, beispielsweise das Biomassekraftwerk in Emmering in Bayern. Viele Städte sammeln auch organische Abfälle separat und nutzen sie zur Energiegewinnung durch Vergärung oder Verbrennung. Die Nutzung von Biomasse stellt also eine veritable Säule für jede Strategie einer nachhaltigen Energieversorgung dar – ebenso wie die Geothermie, um die es im nächsten Kapitel geht.

Geothermie mit viel Potential

Die Nutzung der Erdwärme, bekannt als Geothermie, stellt eine veritable Ergänzung zur Fokussierung auf elektrischen Strom dar. Stellen Sie sich vor, Sie würden zwei bis drei Kilometer tief in die Erde graben. So tief unter unseren Füßen, befindet sich heißes Thermalwasser. Mit Temperaturen von mehr als 100 Grad könnte dieses Wasser ganze Städte beheizen. Erdwärme ist im Gegensatz zu Sonnen- oder Windenergie dauerhaft verfügbar, unabhängig von Wetter oder Tageszeit. Es ist, als ob Sie einen stets gefüllten Topf mit heißem Wasser in Ihrem Keller hätten, bereit, wann immer Sie ihn brauchen.

Wärme aus dem Boden ist konstant und erneuerbar

Die Wärme aus dem Boden ist konstant, zuverlässig, erneuerbar und umweltfreundlich. Allerdings gibt es einen Haken – oder besser gesagt, eine geologische Besonderheit. Die Nutzung unterirdischer Heißwasserreservoirs ist nur in bestimmten Regionen möglich. In Deutschland finden wir solche Vorkommen hauptsächlich in Norddeutschland, im Rhein/Ruhr-Gebiet, am Oberrheingraben und im Raum München. Diese Wärmequelle ist also nicht überall verfügbar, aber in den Regionen, in denen sie bereitsteht, kann sie einen enormen Beitrag zur Energieversorgung leisten.

Geothermie ist keine neue Erfindung, sondern hat eine lange Geschichte, wie eine kurze Zeitreise zeigt. Das römische Reich war berühmt für seine Thermen – diese waren damals soziale Zentren, ein Ort zum Entspannen, zum Diskutieren und zum Genießen der Wärme aus den natürlichen heißen Quellen. Das war die Geothermie im Altertum.

Machen wir auf einer kurzen Zeitreise Halt im Jahr 1904. In der malerischen Landschaft der Toskana, genauer gesagt, in der Stadt Larderello, wurde damals das allererste geothermische Kraftwerk der Welt gebaut. Die natürliche Dampfproduktion aus dem Erdinneren wurde zur Stromerzeugung genutzt, ein bemerkenswerter Durchbruch zu dieser Zeit. Merken Sie's? Geothermie kann Wärme *und* elektrischen Strom liefern, also die beiden wichtigsten Energieformen für uns alle. Heute ist Larderello noch immer ein Zentrum der geothermischen Energieproduktion und Heimat eines der größten geothermischen Felder der Welt.

In den folgenden Jahrzehnten verbreitete sich die Nutzung der Geothermie in ganz Europa. In Island, einem Land mit intensiver vulkanischer Aktivität, begann man in den 1940er Jahren, geothermische Energie zur Beheizung von Gebäuden zu nutzen. Heute werden fast 90 Prozent der isländischen Haushalte durch Geothermie beheizt und die geothermische Energie trägt einen Gutteil zur Stromerzeugung des Landes bei.

In Deutschland begann die Nutzung der Geothermie zur Stromerzeugung erst in den 2000er Jahren. Insbesondere im süddeutschen Molassebecken, einer Region mit hoher geothermischer Aktivität, sind zahlreiche Anlagen in Betrieb oder in Planung. Ein gutes Beispiel ist das Geothermieprojekt in Unterhaching bei München, das als größte Geothermieanlage in Deutschland gilt. Dort stammt mehr als 60 Prozent der in der Gemeinde benötigten Wärme aus dem angezapften Thermalwasser unter der Stadt. Eine Pumpe befördert das 133 Grad warme Wasser aus 3.500 Metern Tiefe nach oben. Im Kraftwerk wird die Wärme mittels eines Wärmetauschers in das Fernwärmenetz der Stadt eingespeist. Das abgekühlte Thermalwasser fließt zurück in den Boden und erhitzt sich erneut. Ein Kreislauf, der nicht versiegt; dem bis zu 5.000 Grad heißen Erdkern können riesige Mengen Wärme entzogen werden.

Geothermie kommt nur langsam voran

Trotz einzelner Erfolge kommt die Nutzung der nicht versiegenden Wärme aus dem Erdinneren in Deutschland nur langsam voran. Bundesweit sind nach Angaben des Branchenverbandes Geothermie 38 Anlagen mit einer durchschnittlichen Bohrtiefe von 2.500 Metern in Betrieb. Dennoch machte Geothermie 2023 nur anderthalb Prozent der Gebäudewärme aus, die zur Beheizung von Räumen und zur Warmwasserversorgung genutzt wird. Dabei könnte Geothermie eine Schlüsseltechnologie darstellen, um im Wärmebereich bei der Umstellung auf Nachhaltigkeit und der Abkehr von fossilen Brennstoffen voranzukommen, wie andere Länder zeigen.

So verwendet Frankreich geothermische Energie längst für die Fernwärmeversorgung. Im Großraum Paris wird Geothermie genutzt, um Tausende von Haushalten zu beheizen und warmes Wasser zu liefern. Die Schweiz hat in den letzten Jahren ihre geothermische Produktion ausgebaut. Ein Beispiel ist ein Projekt in St. Gallen, das als das tiefste Geothermiebohrloch der Welt gilt. Obwohl Dänemark nicht über die gleichen geothermischen Ressourcen wie einige andere Länder verfügt, nutzt es die Erdwärme effizient zur Beheizung von Gebäuden.

Laut einem Bericht der Internationalen Energieagentur von 2021 könnte die Geothermie bis 2040 etwa drei bis fünf Prozent der weltweiten Stromerzeugung und einen erheblichen Teil der Wärmeerzeugung ausmachen. In Europa wäre sogar ein noch höherer Anteil möglich. Eine Studie der Europäischen Kommission aus dem Jahr 2020 prognostiziert, dass Geothermie bis 2030 etwa acht Prozent des Gesamtbedarfs an erneuerbaren Energien in der EU decken könnte, was einem erheblichen Anstieg entsprechen würde. Zum Vergleich: Bislang trägt die Geothermie mit weniger als ein Prozent zur Stromerzeugung bei und deckt etwa zwei Prozent des Gesamtbedarfs an erneuerbarer Wärme ab. Es gibt viel zu tun, packen wir es an, möchte man der Politik zurufen.

Insofern war es 2023 zu begrüßen, dass die Bundesregierung die Nutzung von Erdwärme als einen Baustein im Kampf gegen den Klimawandel identifizierte. Beim Besuch auf einer Baustelle für Geothermie-Bohrungen in Potsdam nannte dies der amtierende Bundeskanzler „ein Zeichen dafür, dass das in Deutschland wirklich eine Zukunftstechnik ist, die an vielen Orten funktionieren kann."[49]

Allerdings hat Geothermie wohl noch einige Hürden zu überwinden. „Musik wird störend oft empfunden, dieweil sie mit

Geräusch verbunden", formulierte einst Wilhelm Busch. Die Analogie zur Erdwärme: Um sie zu gewinnen, muss man Bohrungen in die Erde vornehmen, ähnlich wie bei der Erdölförderung. Es ist indes nicht ohne Risiko, die Erdkruste anzubohren in der Hoffnung, tief unten eine Energiequelle zu finden.

Zum einen können die Tiefenbohrungen kleine Beben auslösen. In der Regel sind diese nicht stark genug, um Schaden anzurichten, aber sie können durchaus Unbehagen verursachen. Dann haben wir das Problem der Wasserverschmutzung. Die geothermischen Flüssigkeiten, die wir aus dem Boden pumpen, können toxische Chemikalien enthalten. Wenn diese Chemikalien ins Grundwasser gelangen, haben wir ein echtes Problem. Zudem müssen wir das Phänomen der Bodensenkungen berücksichtigen. Stellen Sie sich vor, Sie pumpen Wasser aus einem Schwamm – was passiert? Der Schwamm zieht sich zusammen, genau wie der Boden unter einem Geothermiekraftwerk.

Nicht ohne Risiko und mit hohen Kosten verbunden

Welche Folgen fehlerhafte Geothermie-Bohrungen anrichten könnten, ist in der kleinen Stadt Staufen im Breisgau bis heute sichtbar: Dicke Risse ziehen sich durch mehr als 200 denkmalgeschützte Gebäude. Bis zu 45 Zentimeter hat sich die Altstadt gehoben, seit 2007 empfindliche Gesteinsschichten mit Grundwasser in Berührung kamen und sich plötzlich ausdehnten.[50] Der Vorfall erschütterte die gesamte Branche. Im Fall von Staufen – einer Anlage für oberflächennahe Geothermie – wurden zahlreiche handwerkliche Fehler begangen, ein einmaliger Ausrutscher, wiegeln die Befürworter der Geothermie ab. Kritiker hingegen verweisen auf Schäden und Erdbeben in Folge von Geothermie-Bohrungen, wie sie teilweise auch in Frankreich zu verzeichnen waren, zuletzt Ende 2020.

Ein weiterer Grund, warum es bislang nur so wenige Geothermie-Anlagen in Deutschland gibt, sind die hohen Investitionskosten. Zunächst muss eine Wärmequelle ausgemacht werden, dann folgen die aufwändigen Bohrungen. Dabei besteht immer die Gefahr, dass Bohrungen nicht fündig werden. Zur Stützung dieser Energiegewinnung wäre daher eine Art Fündigkeitsversicherung sinnvoll, die vom Staat abgedeckt ist. Bei Nicht-Fündigkeit würden die Investoren dadurch nicht auf ihrem Geld sitzen bleiben. Ein entsprechendes Kreditprogramm von staatlicher Seite wurde sogar angeboten, aber mangels Nachfrage wieder eingestellt. Angesichts der hohen Investitionskosten ist auf bereits heute genutzte günstigere Geothermie-Alternativen zu verweisen: Erdwärmesonden. Dabei wird mithilfe eines Wärmetauschers der Temperaturunterschied in geringen Tiefen genutzt, um Energie zu produzieren, die sich für Heiz- und Kühlanwendungen verwenden lässt. Allerdings ist das weit weniger effektiv als bei der Tiefengeothermie.

Halten wir fest: Geothermie, richtig genutzt, gehört in jede Strategie zur nachhaltigen Energieversorgung Deutschlands. Aus Angst vor den Folgen die Technologie links liegen zu lassen, bringt uns nicht voran. Wie bereits in vorangegangenen Kapiteln erläutert, stellt die Nutzung neuer Technologien die Grundlage für unseren Wohlstand dar.

Die Wasserstoffstrategie ins Leere

Wasserstoff kann alle unsere Energieprobleme lösen – so wird es häufig von Teilen der Politik dargestellt. Konsequenterweise kündigte die Bundesregierung 2023 den Aufbau eines nationalen Wasserstoffnetzes an. Die Bekanntgabe war pompös: „Das ist ein großes wirtschaftliches Projekt." Es gehe darum, das „Kernnetz" zustande zu bringen. Unternehmen sollen auf Wasserstoff setzen können, „weil sie wissen, sie werden ihn haben, wenn sie ihn brauchen", verkündete der amtierende Bundeskanzler. [51]

Wasserstoff, natürlich mit Hilfe erneuerbarer Energien hergestellt, wurde als ein wichtiger Baustein für die Energiewende dargestellt. Darauf könnten synthetische Kraftstoffe basieren, er könnte aber auch direkt in die Leitungen eingespeist und beispielsweise verheizt werden. Die deutsche Erdgasbranche ließ verlauten, dass das eine halbe Million Kilometer lange Leitungsnetz bis zu 100 Prozent Wasserstoff aufnehmen kann.[52] Das klang gut, doch es war weitgehend abseits der Realität.

Denn grüner Wasserstoff wird noch sehr lange sehr rar bleiben.[53] Zur Erklärung: Die Aufspaltung von Wasser in Wasserstoff und Sauerstoff erfolgt durch einen elektrochemischen Prozess, die sogenannte Elektrolyse. Wenn der Strom für diese Elektrolyse aus erneuerbaren Quellen stammt, also beispielsweise Solar- oder Windenergie, spricht man von grünem Wasserstoff. Doch die Elektrolysekapazitäten für eine Wasserstoffwirtschaft stehen heute und auch auf absehbare Zeit überhaupt nicht zur Verfügung. Eine Wasserstoffversorgung Deutschlands ist kurz- bis mittelfristig ebenso wenig möglich wie eine „Verstromung", also die Umstellung auf elektrischen Strom im großen Stil. Der Glaube, unser Wohlstand sei mit regenerativem Strom und Wasserstoff als vornehmliche Energieträger zu erhalten, ist ein Irrglaube. Vergegenwärtigen wir uns für einen Moment, wo Wasserstoff herkommt und was er eigentlich ist.

Wasserstoff ist unerschöpflich aus menschlicher Sicht

Mit dem Urknall ist eine schier unerschöpfliche Menge an Wasserstoff entstanden – mehr als jeder andere Stoff. Deshalb gibt es aus menschlicher Perspektive „unerschöpflich" viel Wasserstoff im Universum, der „nachweisbar" als Energieträger funktioniert. Schließlich sind Sterne hauptsächlich aus Wasserstoffgas aufgebaut. In den extrem heißen und dichten Bedingungen im Inneren von Sternen verschmelzen Wasserstoffkerne zu Helium und setzen dabei Energie frei. Diese Kernfusion ist der Prozess, der die Sterne zum Leuchten bringt und sie zu Reaktoren macht.

Kurios dabei: Obwohl es sich bei Wasserstoff um das am häufigsten vorkommende Element im Universum handelt, ist es auf der Erde nicht besonders reichlich vorhanden, zumindest nicht in seiner gasförmigen Form. Dafür gibt es drei Gründe. Erstens ist Wasserstoff sehr leicht und kann als Gas daher leicht in die Atmosphäre aufsteigen und ins Weltall entweichen. Das geschah besonders in den frühen Stadien der Erdgeschichte, als die Atmosphäre weniger dicht war. Zweitens verbindet sich Wasserstoff leicht mit anderen Elementen. Der meiste Wasserstoff auf der Erde ist daher gebunden, beispielsweise in Wasser, denn Wasser ist nichts anderes als eine Verbindung aus Wasserstoff und Sauerstoff.

Doch obwohl es so viel (gebundenen) Wasserstoff auf der Erde gibt, ist reiner Wasserstoff als Energieträger nicht geeignet. Dafür gibt es gleich mehrere Gründe: Wasserstoff ist zu gefährlich und zu schwer zu transportieren, und es ist auch gar nicht absehbar, dass auf absehbare Zeit hinreichend Elektrolysekapazitäten zur Gewinnung von Wasserstoff verfügbar sein könnten. Fangen wir beim ersten Punkt an, der Gefährlichkeit.

Gefährlicher Hoffnungsträger

Wasserstoffgas ist sehr leicht entzündlich und kann in einem bestimmten Mischverhältnis mit Luft explodieren. Schon eine sehr geringe Energiezufuhr etwa durch einen Funken kann eine Explosion auslösen. Bekanntlich war das Luftschiff Hindenburg, das im Mai 1937 in der US-amerikanischen Stadt Lakehurst explodierte, mit Wasserstoffgas gefüllt. Es war eine der tödlichsten Luftschiffkatastrophen in der Geschichte. Das Hindenburg-Desaster markierte das Ende des Zeitalters der starren Luftschiffe. Heutzutage werden Luftschiffe und Ballons mit Helium gefüllt, das im Gegensatz zu Wasserstoff nicht brennbar ist. Diese Nichtbrennbarkeit macht Helium als Energieträger ungeeignet. Es wäre also töricht, weil äußerst gefährlich, aus der Hindenburg-Explosion nichts gelernt zu haben, und heute wieder reinen Wasserstoff als Energieträger zu verwenden. Diejenigen Politiker, die heute Wasserstoff propagieren, sollten sich einmal über die Hindenburg-Katastrophe schlaumachen. Oder ist es angesichts der heutigen Cancel Culture, die historische Ereignisse aus der aktuellen Perspektive heraus neu bewertet, gar nicht mehr politisch korrekt, Hindenburg zu nennen, so dass wir aus der Geschichte nicht mehr lernen dürfen? Das wäre fatal!

Schwierigkeiten beim Transport

Kommen wir nach der Gefährlichkeit zum zweiten Punkt, der gegen eine Wasserstoffwirtschaft spricht: Der Transport ist viel zu schwierig und damit viel zu teuer.

Um Wasserstoff für den Transport in Tankern vorzubereiten, muss er entweder verflüssigt oder in ein Trägermedium, wie Ammoniak oder Methanol, umgewandelt werden. Für den Transport sind sehr hohe Drücke erforderlich – standardmäßig 700 bar. Alternativ lässt sich der Wasserstoff verflüssigen. Aber dafür sind tiefkalte Temperaturen von unter minus 230 Grad Celsius vonnöten. Selbst dann ist er nur unter immensen Investitionen in die Infrastruktur transportierbar. Trotzdem eignet sich dieser tiefgekühlte Wasserstoff nicht, um ihn im Verkehr einzusetzen.

Mit einer Wasserstoffwirtschaft wären also enorme Kosten verbunden und die bereits vorhandenen Infrastrukturen ließen sich dafür nicht nutzen. Hinzu kämen erhebliche Risiken. Man denke nur an die notwendige Stabilität der Druckbehälter und an das Nachfüllen an den Tankstellen. Die Gefahr, dass dabei eine Tankstelle in die Luft fliegt, ist hoch. Kurzum: Wasserstoff ist höchst gefährlich, vom Transport über die Durchleitung in den Erdgasnetzen bis hin zum Tanken.

Dennoch versucht die deutsche Energiebranche, die bestehende Infrastruktur für Erdgas auf Wasserstoff umzustellen. Das etwa eine halbe Million Kilometer lange Leitungsnetz, das auf Stahl basiert, kann demnach zu 100 Prozent Wasserstoff aufnehmen. 2021 wurden rund 1.017 TWh Erdgas verbraucht, 2022 waren es 882 TWh.[54] Die bestehenden Erdgasleitungskapazitäten angesichts der geplanten Abwendung von fossilen Energien anderweitig zu nutzen, ist also eine gute Idee – aber keineswegs für reinen Wasserstoff, sondern besser beispielsweise für grünes Methanol, wie es der renommierte Wissenschaftsjournalist Jean Pütz in seinem Buch „Wohlstand und Wirtschaftswachstum ohne Reue" empfielt[55].

Mangelnde Kapazitäten zur Wasserstoffherstellung

Wenden wir uns nach der Gefährlichkeit und den Transportschwierigkeiten dem dritten Punkt zu, der den Glauben an eine Wasserstoffwirtschaft bei einer rationalen Betrachtung zunichte macht: der mangelnden Verfügbarkeit von Kapazitäten zur Herstellung von Wasserstoff, jedenfalls dann, wenn dieser mittels regenerativer Energien erzeugt werden soll – und darum geht es schließlich bei der Wasserstoffstrategie der Bundesregierung.

Lassen wir zur Verfügbarkeit von Elektrolysekapazitäten zur Erzeugung von grünem Wasserstoff das Potsdam-Institut für Klimaforschung (PIK) zu Wort kommen, eine 1992 gegründete Regierungsforschungseinrichtung der Leibniz-Gemeinschaft, einer Dachorganisation, die mehrere Forschungsinstitute in Deutschland verbindet. Die Aussagen lassen sich wie folgt zusammenfassen: Grüner Wasserstoff wird noch sehr lange sehr rar bleiben – weltweit und in Deutschland. Berechnungen zufolge wird er bis 2035 nur ein Prozent des weltweiten Energiebedarfs decken können.[56] Ausdrücklich wies das Institut 2023 auf eine kurzfristige Knappheit und eine langfristige Unsicherheit bei der Verfügbarkeit von grünem Wasserstoff hin.

Das gelte selbst dann, wenn die Elektrolysekapazitäten in Zukunft so schnell wachsen würden wie in der Vergangenheit Wind- und Solarenergie. Das Institut hat hierzu den Aufbau einer Wasserstoffwirtschaft auf der Grundlage von ökonomischen Modellen für neue Technologien extrapoliert. Demnach müsste die Elektrolysekapazität – die Aufspaltung von Wasser in Wasserstoff und Sauerstoff durch elektrischen Strom – bis zum Jahr 2050 um das 6.000- bis 8.000-fache ansteigen. Parallel müssten sich die Kapazitäten für die Stromerzeugung aus erneuerbaren Quellen etwa verzehnfachen.

Mit den derzeit verfolgten Ausbauplänen der Wasserstofferzeugung würde die Europäische Union bis 2030 höchstens ein Prozent des Gesamtenergiebedarfs mit grünem Wasserstoff decken können. Weltweit rückt dieses Ziel sogar erst 2035 in Reichweite. Erst ab 2040 könne ein Anteil von 3,2 bis 11,2 Prozent in der EU und 0,7 bis 3,3 Prozent weltweit erreicht werden.

Die Wasserstoffwirtschaft hat also keinen Platz in einer vernünftigen Strategie zur nachhaltigen Energieversorgung, sollte man meinen. Doch das Potsdamer Institut als regierungsnahe Forschungseinrichtung zieht einen völlig anderen Schluss: Wasserstoff ist demnach sehr wohl ein Energieträger der Zukunft – allerdings müsste er dazu mit quasi-diktatorischen Maßnahmen erzwungen werden.

Politische Maßnahmen wie im Krieg

Ein Blick auf die vom Potsdamer Institut aufgezeigte Vorgehensweise ist entlarvend. Dort heißt es wörtlich: „Historische Analogien deuten darauf hin, dass notfallähnliche politische Maßnahmen zu wesentlich höheren Wachstumsraten führen könnten, was den Durchbruch beschleunigen und die Wahrscheinlichkeit der zukünftigen Verfügbarkeit von Wasserstoff erhöhen würde“. Und weiter: Beispiele für ein solches Engagement sei etwa „die Mobilisierung in Kriegen wie beim Aufbau der US-Liberty-Flotte im Zweiten Weltkrieg oder massive öffentliche Investitionen mit zentraler Koordinierung wie der Bau des Schnellbahnnetzes in China.“

Man muss es sich auf der Zunge zergehen lassen: Hier wird ein Szenario gezeichnet, das einem kriegsähnlichen Notfall gleichkommt, so dass diktatorische Maßnahmen gerechtfertigt erscheinen. Das kommt dem politischen Duktus „Im Notfall ist alles erlaubt“, der von physikalisch unsinnigen Gesetzen bis zur außerparlamentarischen Opposition alles zu rechtfertigen scheint, sehr nahe. Lassen wir noch einmal das Potsdamer Institut zu Wort kommen: „Diese Analyse des Hochlaufs der Wasserstoffversorgung zeigt, dass allein die Kräfte eines freien Marktes kaum zum Erreichen der Klimaziele etwa im Schiffs- und Flugverkehr ausreichen werden."

Doch damit nicht genug: Selbst eine mit quasi-diktatorischen Kräften durchgesetzte Wasserstoffwirtschaft sollte nach Aussage der regierungsnahen Forscher nicht als Vorwand dienen, um die Einführung anderer, leicht verfügbarer sauberer Optionen wie Elektromobilität oder Wärmepumpen zu verzögern. Im Klartext: Wir sollen heute Elektroautos kaufen und Wärmepumpen in Betrieb nehmen und alle damit verbundenen Energieengpässe werden schon „irgendwann" durch Wasserstoff behoben, wenn wir uns nur alle der kriegsähnlichen Mobilisierung der Regierung unterwerfen. Es verwundert nicht, dass das Potsdamer PIK eng mit dem in diesem Buch bereits zitierten Zwischenstaatlichen Gremium für Klimaänderungen (IPCC Intergovernmental Panel on Climate Change) der Vereinten Nationen zusammenarbeitet. Das oft als „Weltklimarat" bezeichnete Gremium warnt regelmäßig vor „Katastrophen unvorstellbaren Ausmaßes" – in einem solchen Notfall erscheinen die aus Potsdam kommenden Vorschläge für „Notfallmaßnahmen" geradezu wie eine Erlösung.

Doch tatsächlich hat die vom Potsdamer Institut und der deutschen Bundesregierung skizzierte Wasserstoffwirtschaft gar nichts in einer vernünftigen Strategie zur nachhaltigen Energieversorgung zu suchen.

Ein Irrglaube der Politgesellen und ihrer Freunde

Es ist einmal mehr ein Fall von irregeleiteter Politik. Ein kleiner Kreis von Politgesellen glaubt (das Wort ist wortwörtlich zu nehmen), eine Lösung für ein Problem gefunden zu haben, und setzt danach alles daran, diesen Glauben in Gesetze zu fassen. Unwissenheit, Irrglaube, der irrationale Wunsch, „irgendwie" das Klima retten zu wollen, gehören zu den Ursachen dieser verfehlten Politik – und eine gehörige Portion Vetternwirtschaft. Denn die politischen Entscheider über Milliarden von Fördergeldern, um die falschen Energiekonzepte durchzusetzen, wurden 2023 auffallend häufig dabei ertappt, sagen wir, „freundschaftliche Beziehungen" zu den Empfängern eben dieser Steuergelder zu unterhalten.

Im Bundeswirtschaftsministerium war ausgerechnet derjenige Staatssekretär, der die unzähligen energiepolitischen Gesetze und Verordnungen mitgeschrieben hatte, die seit Ende 2021 erlassen wurden, in ein weitverzweigtes Netz von Freunden und Verwandten verstrickt, die alle auf die eine oder andere Weise von seiner Klimapolitik profitierten. Erst als die Sache ans Licht der Öffentlichkeit kam, musste der Staatssekretär im Frühjahr 2023 seinen Hut nehmen.[57]

Im Bundesverkehrsministerium wurde im Sommer 2023 einem maßgeblichen Abteilungsleiter, im Haus auch „Mr. Wasserstoff" genannt, nachgesagt, mit einem Vorstand des Deutschen Wasserstoff- und Brennstoffzellenverbands und einem befreundeten Unternehmer gemeinsam in Urlaub gefahren zu sein. Der Verband wie auch Gesellschaften des Unternehmers erhielten nach Recherchen der renommierten Wirtschaftszeitung *Handelsblatt* rund 28 Millionen Euro aus dem „Nationalen Innovationsprogramm Wasserstoff- und Brennstoffzellentechnologie“. Das Programm lag in der Verantwortung eben dieses Abteilungsleiters im Ministerium.[58] Zufälle gibt’s…

Diese politisch-persönlichen Verstrickungen dürften also auch eine wesentliche Ursache für die fehlgeleitete Strom- und Wasserstoffpolitik sein. Hinzu kommen neben diesen aktuellen menschlichen Verfehlungen die Irrtümer und Versprechungen der Vergangenheit, die seit den 2020er Jahren viele Politiker wieder einholten.

Heute wird eine Wasserstoffstrategie propagiert, zusammen mit Elektromobilität und einer generellen „Verstromung“ der Republik. Doch viele Menschen werden sich noch daran erinnern, dass einst vor allem Gas und Diesel als Umweltengel gepriesen wurden, bevor sie später in Ungnade fielen und als Umweltkiller angeprangert wurden, wie im nächsten Kapitel erläutert.

Das Desaster mit Gas und Diesel

Um zu verstehen, warum die fast ausschließliche Fokussierung auf Strom als Energiequelle und die absehbare Schwerpunktsetzung auf Wasserstoff bei allen, die sich schon länger mit dem Thema befassen, auf Unverständnis stößt, empfiehlt sich ein Rückblick auf die Energieplanung für Deutschland. Schon vor über 20 Jahren hatte die damalige Bundesregierung eine am Umweltschutz ausgerichtete Energieversorgung des Landes angestrebt – und zwar mit Gas.

Gas ist umweltfreundlich

Die Grundlage zur Anerkennung von Gas als umweltfreundliche Energiequelle war die Einführung des sogenannten „Kohlendioxid-Minderungsprogramms“ durch die deutsche Bundesregierung im Jahr 1987. Das klingt kompliziert, aber im Grunde war das Ziel ganz einfach: Wir wollten die Menge an CO2, die wir in die Luft pusten, reduzieren. Und wie wollten wir das erreichen? Durch Energieeinsparung und den Einsatz von weniger umweltschädlichen Energieträgern. An dieser Stelle kam Gas ins Spiel. Die Verbrennung von Erdgas erzeugt im Vergleich zu Kohle und Öl deutlich weniger CO2, Stickoxide und Schwefeldioxid. Darüber hinaus ist die Effizienz von Erdgas bei der Stromerzeugung höher als die von Kohle und Öl, was zu einer weiteren Verringerung der Emissionen führt. Aufgrund dieser umweltfreundlichen Einstufung, die von Experten, Politikern und der Energiebranche geteilt wurde, hat sich der Einsatz von Erdgas in Deutschland stetig erhöht, sowohl in der Industrie als auch auf dem privaten Sektor.

Nun ist Erdgas zwar umweltfreundlicher als Kohle und Öl, aber dennoch ein fossiler Brennstoff und hat damit verbundene gravierende Umweltauswirkungen. Daher betonte die deutsche Regierung später die Rolle von Erdgas als Brückentechnologie, während sie gleichzeitig den Ausbau erneuerbarer Energien wie Wind- und Solarenergie vorantrieb. Erdgas galt indes noch lange Zeit als wichtiges Instrument, um die Energiewende in Deutschland zu unterstützen und eine zuverlässige Energieversorgung sicherzustellen, bis erneuerbare Energien den Großteil des Energiebedarfs decken können. Vor diesem Hintergrund ist auch die über Jahrzehnte hinweg immer weiter ausgebaute Abhängigkeit von russischem Gas zu verstehen, die das ohnehin wankelmütige Energiekonzept Deutschlands in eine schwere Krise stürzte.

Die deutsche Abhängigkeit von russischem Gas

Die Abhängigkeit von russischem Gas, die Deutschland mit dem Einmarsch Russlands in die Ukraine Anfang 2022 in die Bredouille brachte, war eine unmittelbare Auswirkung der Fehleinschätzung über die energetische Zukunft des Landes. Werfen wir dazu einen kurzen Blick auf die Geschichte.

In den 1960er und 1970er Jahren begann Deutschland, Erdgas aus der Sowjetunion zu importieren, um seinen wachsenden Energiebedarf zu decken. Der Gasimport wurde als wirtschaftlich und politisch vorteilhaft angesehen, da er dazu beitrug, die Diversifizierung der Energiequellen zu fördern und die Abhängigkeit von Ölimporten, insbesondere aus dem Nahen Osten, zu verringern. Merken Sie's: Damals stand die Diversifikation im Vordergrund der Überlegungen. Doch statt eine Balance herzustellen, wurde danach alles auf Gas gesetzt.

Nach dem Zusammenbruch der Sowjetunion und der Wiedervereinigung Deutschlands Anfang der 1990er Jahre stieg die Nachfrage nach Erdgas hierzulande weiter an. Dabei wurde Russland zum Hauptlieferanten für Deutschland. Um die Gasversorgung zu sichern und den Transport von Gas durch Transitländer wie die Ukraine zu umgehen, wurden die Pipelines Nord Stream 1 und 2 gebaut, um russisches Gas direkt nach Deutschland zu transportieren. Man konnte den Eindruck gewinnen, als ob es die Bundesregierungen geradezu darauf anlegten, von Russlands Gas soweit wie möglich abhängig zu werden.

In den frühen 2000er Jahren stammte etwa ein Viertel des in Deutschland verbrauchten Gases aus Russland. Das war schon viel und hätte eigentlich die „Alarmglocken" in der deutschen Politik laut schrillen lassen sollen. Doch stattdessen wurden der Umwelt zuliebe der heimische Kohlebergbau zurückgefahren und inländische Gasfelder geschlossen. Das ist in etwa so, als ob man einen Menschen, der an der Zuckerkrankheit leidet, mit Zuckerwatte kurieren möchte. So kam es dazu, dass russisches Gas im Jahr 2021 beinahe die Hälfte des gesamten Erdgasverbrauchs in Deutschland ausmachte. Erdgas wiederum trug 2021 etwa 25 Prozent zur gesamten Primärenergieversorgung in Deutschland bei. Wenn man die Abhängigkeit von russischem Gas in Bezug auf die gesamte Energieversorgung betrachtet, lag der Anteil im Jahr 2021 bei etwa elf bis 12,5 Prozent. Diese Zahlen zeigen, wie Deutschland binnen rund 20 Jahren zunehmend von russischem Gas abhängig geworden war – eine groteske Clownerie der deutschen Energiepolitik mit verheerenden Folgen für unser Land. Denn der steigende Gasverbrauch war eine unmittelbare Folge der fatalen politischen Entscheidung, als einziges Land auf der Welt aus Kernenergie und Kohle relativ gleichzeitig auszusteigen und auf den rechtzeitigen Ausbau erneuerbarer Energiequellen zu setzen.

Dabei war für Experten schon lange klar, dass wir eine Brückentechnologie benötigen würden. Diese Rolle sollte „eigentlich“ Gas übernehmen – bis es zum russischen Einmarsch in die Ukraine im Februar 2022 kam und die Abhängigkeit von russischem Gas über Nacht zum Politikum wurde.

Zuvor war der deutschen Bevölkerung unter dem Label „umweltfreundlich“ über Jahrzehnte hinweg geraten worden, auf Gasheizungen zu setzen – und zwar quer durch alle politischen Parteien hinweg. Gasheizungen sind staatlich gefördert worden, weil sie wenig CO2 erzeugen. Es sind teilweise noch dieselben Politiker, die heute den Menschen erklären wollen, warum „Gas out“ und „Elektro in“ ist. Man fühlt sich an das Sprichwort „Wer einmal lügt, dem glaubt man nicht“ erinnert.

Nun mag man den Politikern zugutehalten, dass sie damals tatsächlich vom Gas überzeugt waren und heute an den Strom glauben. Aber das macht die „Wende von der Wende“ weder für das Land noch für die Bevölkerung besser. Von einer auf Langfristigkeit angelegten Energieplanung für Deutschland war nicht viel zu spüren. Und das gilt leider nicht nur beim Gas, sondern auch beim Diesel.

Diesel ist umweltfreundlich

Erinnern wir uns: Das Wort Diesel stand einst für Umweltschutz beim Autofahren. Ein zentraler Faktor für die Einstufung von Dieselautos als umweltfreundlich ab den 1990er Jahren waren technologische Verbesserungen, damit Dieselmotoren weniger Schadstoffe wie Kohlenmonoxid, Kohlenwasserstoffe und Stickoxide ausstoßen. Zudem war der Dieselkraftstoff aufgrund seines höheren Energiegehalts und geringeren Verbrauchs in der Lage, Fahrzeuge effizienter zu betreiben und somit den CO2-Ausstoß pro gefahrenem Kilometer zu reduzieren.

Die deutsche Bundesregierung und die Europäische Union förderten die Nutzung von Dieselkraftstoff als umweltfreundlichere Option, indem sie steuerliche Anreize und eine geringere Mineralölsteuer für Diesel im Vergleich zu Benzin einführten. Diese Maßnahmen zogen eine Zunahme des Dieselanteils am Automarkt und eine größere Akzeptanz von Dieselautos als umweltfreundliche Alternative nach sich.

In den 2000er Jahren wurden jedoch die negativen Umweltauswirkungen von Dieselmotoren, insbesondere die Emissionen von Feinstaubpartikeln und Stickoxiden, zunehmend an den Pranger gestellt. Die Enthüllung des Dieselskandals im Jahr

2015, bei dem einige Automobilhersteller, allen voran Volkswagen, bei Abgastests manipuliert hatten, führte zu einer Neubewertung der Umweltfreundlichkeit von Dieselautos. Mit Stand 2023 gilt der Diesel längst als eine „Dreckschleuder“ und wurde durch das Elektroauto als vermeintlich sauberes Fahrzeug abgelöst. Dabei kann kein Zweifel daran bestehen, dass die heutigen Diesel sauberer sind als alle jemals zuvor gebauten Wagen mit Dieselantrieb. Die Technik hat sich weiterentwickelt, aber die politische Stimmung hat sich gedreht.

Es war ebenso unsinnig, uns vollständig von Gas oder Diesel abzuwenden, wie zuvor, uns so stark von ihnen abhängig zu machen. Es ist, als würden wir von einer extremen Diät auf eine andere springen, anstatt eine gesunde Balance in der Ernährung zu finden. Möglicherweise sollte man vielen Politikern zu einer gesünderen Ernährung raten, um ihnen zu helfen, auch politisch eine bessere Balance herbeizuführen.

Wende ohne Klimadiktatur

Wenn die Menschen nicht verstehen, dass das Klima kurz vor dem Kipppunkt steht, dann muss man es ihnen eben mit Gewalt – sprich durch gesetzliche Gebote und vor allem Verbote – beibringen – das scheint des Credo der grünen Energiewende zu sein. Doch tatsächlich ruft genau diese Vorgehensweise naturgemäß Widerstände hervor. Wenn das zugegeben böse Wort von der „Klimadiktatur" gelegentlich die Runde macht, dann ist das sicherlich weit überzogen. Aber es steht als Inbegriff für das Unbehagen, dass die Menschen in einem von Demokratie und Marktwirtschaft geprägten Land wie Deutschland bei derart gravierenden Eingriffen in ihren Alltag, in ihren Wohlstand und in ihre Zukunft mitreden wollen.

Akzeptanz in der Bevölkerung verspielt

Eine Energiewende braucht – wie letztendlich jede gesellschaftliche Wende – Akzeptanz bei einem möglichst großen Teil der Bevölkerung. Dazu gehört, dass die von der Politik vorgegebenen Planungen, Ziele und Maßnahmen rational nachvollziehbar sind. Zudem muss die Energiewende bezahlbar sein – für die Menschen, aber auch für die Unternehmen, deren wirtschaftliche Tätigkeit die Grundlage unseres Wohlstands schaffen. Es muss klar werden, warum und wie die Wende dem Wohlergehen der heutigen und der künftigen Generationen zugutekommt. Ideologisch geprägte Ziele vorzugeben und den

Weg dahin mit mehr oder minder großen Fördersummen auf Steuerzahlers Kosten zu pflastern, stellt hingegen keine gute Grundlage für eine Wende dar – auch nicht für eine Energiewende.

Ob bei Heizungen oder Autos: In beiden Fällen ist eine Technologie, die der Bevölkerung lange Zeit als umweltschonend angepriesen wurde, beinahe über Nacht verpönt. Prompt versuchte der Gesetzgeber im Zuge der Klimahysterie von heute auf E-Autos oder Wärmepumpen umzustellen.

Man muss bedenken: Das Haus bzw. die Wohnung und das Auto gehören bei einem Großteil der Bevölkerung zu den teuersten Anschaffungen ihres Lebens überhaupt. Umstellungen von heute auf morgen stellen für diese Menschen keine Leichtigkeit dar. Der Diesel, den sie einst gekauft haben, weil er als umweltschonend dargestellt wurde, kann nicht über Nacht durch ein E-Auto ersetzt werden. So liegt die durchschnittliche Besitzdauer eines Autos in Deutschland bei etwa fünf bis acht Jahren. Zählt man nur privat genutzte Pkws, also ohne Firmenwagen, dürfte die Haltedauer deutlich höher liegen, weil bei diesen Menschen das Geld eben nicht so locker sitzt, um sich alle paar Jahre einen schicken Neuwagen zulegen zu können. Ebenso wenig verfügen sie über die Mittel, um das Haus, das sich häufig noch in der Abzahlung befindet, kurzfristig energetisch zu optimieren. Die durchschnittliche Laufzeit eines Hypothekendarlehens liegt zwischen 20 und 30 Jahren. Das entspricht vier bis fast acht Legislaturperioden, in denen die Umstände und Anforderungen aus Sicht desjenigen, der abzahlt, möglichst unverändert stabil bleiben sollten.

Die Art und Weise, mit der die Energiewende nicht erst seit 2023 „durchgepeitscht“ wird, hat der Akzeptanz in der Bevölkerung schweren Schaden zugefügt. Die Politik scheint den Menschen mit einem Esel zu verwechseln, denn sie handelt, als würde man versuchen, einen störrischen Esel dazu zu bringen, schneller zu laufen, indem man ihn immer härter schlägt. Am Ende weigert sich der Esel, sich überhaupt zu bewegen. Und genau das passiert im Rahmen der Energiewende. Statt sie mit Bedacht und Rücksicht auf die Bedürfnisse und Sorgen der Menschen voranzutreiben, wurde versucht, sie mit Gewalt durchzusetzen. Und das Ergebnis? Die Menschen fühlen sich übergangen und leisten Widerstand. Am Ende verlangsamt diese Esel-Politik den Klimaschutz, denn eine Politik ohne Zustimmung der Bevölkerung ist auf Dauer in einer Demokratie glücklicherweise nicht machbar. Wer sich angesichts solcher Kapriolen auf Kosten der Menschen über die Politikverdrossenheit wundert, dem ist wohl nicht mehr zu helfen.

Volksentscheid gegen zu schnelle Klimawende

Das wurde 2023 deutlich bei der Initiative eines Volksentscheids in Berlin, die eine klimaneutrale Bundeshauptstadt schon 2030 statt 2045 durchsetzen wollte. Das Vorhaben scheiterte, weil nur rund 442.000 Menschen für „Berlin 2030 klimaneutral“ stimmten, das nötige Quorum von 607.518 Stimmen somit deutlich verfehlt wurde; rund 423.000 votierten dagegen. Die auffallend hohe Wahlbeteiligung von beinahe 36 Prozent verdeutlichte, wie sehr das Thema vielen Menschen am Herzen lag. Insbesondere die vielen Gegenstimmen überraschten, weil

Experten erwartet hatten, dass die Gegner des Volksentscheids eher nicht abstimmen würden als dagegen zu votieren. Ein genauer Blick auf die Ergebnisse in Berlin verdeutlicht die Stimmungslage: Rund 70 Prozent der Befürworter kamen aus dem Stadtteil Friedrichshain, einer Hochburg der gutsituierten bürgerlichen Gesellschaft, 70 Prozent der Gegner aus Marzahn-Hellersdorf, einem Wohnviertel, das als ein sozialer Brennpunkt bekannt ist.[59] Klartext: Die „Reichen" können sich den Klimawandel leisten, doch die „Armen" – die „Normalbürger" – werden abgehängt.

Angst, dass in Deutschland die Lichter ausgehen

Hinzu kam seit der Gaskrise 2022/23 erstmals die ernsthafte Befürchtung, dass in Deutschland „die Lichter ausgehen" würden, also Energie derart knapp wird, dass es zu Ausfällen kommen könnte. Kein Gas aus Russland, Kohle- und Kernkraftwerke abgeschaltet – woher kommt die Energie, lautete die bange Frage. Energieknappheit wurde zum Damoklesschwert.

In diesem Zusammenhang ist eine Entscheidung Schwedens vom Sommer 2023 bemerkenswert. Das Land änderte seine Energiestrategie von 100 Prozent Erneuerbare Energie auf 100 Prozent fossilfreie Energie. Gleichzeitig lehnte Schweden die von der EU im Green Deal vorgesehene erneuerbare Energievorgabe ab und setzte stattdessen ausdrücklich auf den Ausbau der Kernkraft. Die Begründung: Die schwedische Regierung stufte die Wind- und Solarenergie als zu instabil ein, um den kompletten Energiebedarf zu decken. Die schwedische Finanzministerin Elisabeth Svantesson erklärte im Sommer 2023: „In bedeutenden Industrieländern ist nur ein Umstieg von Gas auf Atomkraft möglich, um industrialisiert und wettbewerbsfähig zu bleiben." Sie richtete auch eine Warnung an andere westliche Nationen, die blindlings darauf drängten, die Energieanforderungen der grünen Agenda zu erfüllen, weil sonst der Energieengpass vorauszusehen sei.[60]

Energieknappheit voraus

Stellen Sie sich vor, Sie kaufen ein neues Auto, nur um festzustellen, dass der Hersteller jederzeit die Kontrolle übernehmen und den Motor abschalten kann. Das wäre ziemlich frustrierend, oder? Nun, genau das passierte mit Wärmepumpen und E-Ladestationen in Deutschland. Der Gesetzgeber hat Förderungen für Wärmepumpen eingeführt, aber nur für solche, die über eine Schnittstelle verfügen, mit der sie ferngesteuert vom Stromnetz getrennt werden können. Das heißt, wenn das Stromnetz überlastet ist – also ein Problem, das durch die energiepolitischen Entscheidungen des Gesetzgebers selbst verursacht wurde – können die Wärmepumpen einfach abgeschaltet werden. Das Gleiche gilt für E-Ladestationen. Das mag noch durchgehen, wenn nur drei Prozent der Haushalte Wärmepumpen haben, wie es 2023 der Fall war. Aber man stelle sich vor, was passieren würde, wenn 30 Prozent oder mehr der Haushalte Wärmepumpen hätten. Das wäre, als würde man einem Drittel der Bevölkerung sagen, dass sie ihre Heizung oder ihr Elektroauto nicht benutzen können, wenn das Netz überlastet ist. Das käme nicht nur für private Haushalte, sondern auch für die

Wirtschaft einer Katastrophe gleich. Die Versorgungssicherheit einer Industrienation sieht anders aus, eine bürgernahe Energiewende ebenfalls.

Wir brauchen vielmehr eine Energiewende und den damit verbundenen Klimaschutz für die Breite der Gesellschaft, jene Menschen, die die Wende und den Schutz bezahlen. Die Besinnung auf marktwirtschaftliche Elemente statt Verbote hilft dabei. Denn die Marktwirtschaft weist viele Ähnlichkeiten mit der Demokratie auf: Die Mehrheit der Menschen kann sich frei entscheiden – für eine bestimmte Technologie, ein Produkt oder eben eine politische Partei. Das Konzept der CO2-Bepreisung stellt ein gelungenes Beispiel für eine an marktwirtschaftlichen Prinzipien orientierte Energiepolitik dar.

CO2-Preis als Leitinstrument

Man mag der Europäischen Union eine überbordende Bürokratie vorwerfen, und das auf zahllosen Sektoren. Die CO2-Bepreisung durch das Europäische Emissionshandelssystem (EU ETS) könnte man dazu zählen – wenn sie nicht erstaunlich gut funktionieren würde. Zur Erklärung für alle, die damit nicht vertraut sind: Das 2005 eingeführte EU ETS ist das größte Emissionshandelssystem der Welt. Es soll die Treibhausgasemissionen aus der Industrie, der Energieerzeugung und dem Flugverkehr in der Europäischen Union reduzieren. Die CO2-Bepreisung im EU ETS funktioniert nach dem Prinzip „cap-and-trade“ (Obergrenze und Handel). Die EU legt eine Obergrenze für die Emissionen fest, und die Unternehmen müssen für jede Tonne CO2, die sie ausstoßen, ein Zertifikat besitzen. Durch den Handel mit Emissionszertifikaten entsteht ein Marktpreis für CO2, der Anreize für Unternehmen schafft, ihre Emissionen zu reduzieren. Die Obergrenze wird stetig reduziert, um die EU-Klimaziele zu erreichen. Unternehmen, die weniger Emissionen ausstoßen als ihnen erlaubt ist, können ihre überschüssigen Zertifikate an andere Unternehmen verkaufen, die mehr Emissionen ausstoßen. Dieser Handel findet an speziellen Emissionshandelsbörsen statt. Unternehmen, die gegen die Vorschriften verstoßen oder ihre Emissionen nicht ausreichend kompensieren, müssen Strafen zahlen.

Zusätzlich zum EU ETS gibt es in einigen EU-Ländern nationale CO2-Bepreisungssysteme, die sich auf Sektoren beziehen, die nicht vom EU ETS abgedeckt sind, etwa Verkehr, Gebäudeheizung und Landwirtschaft. Dazu gehört auch Deutschland. So gibt es in Deutschland seit 2021 einen nationalen Emissionshandel für Brennstoffemissionen, der ähnlich funktioniert wie das EU ETS. Ab 2027 ist ein EU-weiter Emissionshandel für den Verkehrs- und Gebäudesektor vorgesehen.[61]

Alles deutet darauf hin, dass dieser Mechanismus funktioniert und im Laufe der Zeit zu einer Reduzierung der Treibhausgasemissionen in den betroffenen Sektoren führen wird. Die häufig in der Politik geäußerte Behauptung, nur mit Verboten bekäme man Planungssicherheit, ist schlichtweg falsch. Vielmehr ist der Emissionshandel *das* zentrale Instrument, das nach wissenschaftlichen Erkenntnissen dazu führt, dass wir klimaneutral werden. Denn der Emissionshandel stellt in gewisser Hinsicht das härteste Verbot dar, nämlich das Verbot, über einen CO2-Deckel hinaus mehr CO2 zu emittieren. Das bedeutet im Umkehrschluss, dass wir im Grunde gar keine anderen gesetzlichen Regulierungen benötigen. Das marktwirtschaftlich orientierte Prinzip des Emissionshandels wirkt ausreichend. Verbote, Steuererleichterungen und ähnliche Maßnahmen sind überflüssig.

Daher ist es sinnvoll, den Emissionshandel auf den Gebäudesektor auszudehnen – und zwar mit Bürgerbeteiligung. Dazu ein Beispiel: Wer eine Photovoltaikanlage auf das eigene Dach stellt, der sollte auch die dadurch erreichten Emissionsminderungen als Zertifikate verkaufen können. Dann lägen Ursache und Wirkung nahe beieinander: Man nimmt Geld in die Hand, investiert damit in erneuerbare Energien und kann dadurch direkt Geld verdienen. Das wäre ein Beispiel für eine bürgernahe Energiewende, die unmittelbar nachvollziehbar ist. Statt den Menschen immer höhere Kosten vor Augen zu halten, sollte man ihnen Möglichkeiten einräumen, an der Energiewende sozusagen mitzuverdienen. Die Akzeptanz wäre dann um ein Vielfaches größer – was angesichts der gewaltigen Kosten ohnehin ein schwieriges Unterfangen ist. Das Bundeswirtschaftsministerium legte 2023 eine Berechnung vor, dass die Bürger allein durch das Gebäudeenergiegesetz bis 2028 jährlich mehr als neun Milliarden Euro in die Hand nehmen müssen, um klimafreundlicher zu heizen – neun Milliarden Euro pro Jahr! Dem stünden zwar zugleich Einsparungen in Höhe von rund elf Milliarden Euro gegenüber, rechnete das Ministerium vor, weil Öl und Erdgas in den kommenden Jahren absehbar teurer werden.

Kampf ums Autos… und mehr

E-Autos sind sauberer, nachhaltiger und umweltschonender – das sind Hauptargumente für die neue Generation der Mobilität. Das gilt allerdings nur, wenn man den Blick auf den Einsatz der Fahrzeuge beschränkt und ihre Produktion außer Acht lässt. Wird die Herstellung der Batterien ebenfalls in Betracht gezogen, ergibt sich ein deutlich anderes Bild. Dafür werden nämlich Rohstoffe herangezogen, die endlich sind, häufig unter umweltverachtenden Bedingungen abgebaut werden und die neue Abhängigkeiten schaffen. Noch dramatischer stellt sich die Lage dar, wenn man den Aufwand hinzurechnet, die bestehende Infrastruktur für Wagen mit Verbrennermotor auf Elektroautos umzurüsten.

Um es deutlich zu sagen: Der Gedanke, die bestehende Technologie auf einen Schlag als überholt einzustufen und die ganze Welt auf Elektromobilität umzurüsten, kann nur einem Politikerhirn mit viel Ideologie, aber wenig Faktenwissen und noch weniger Lebenserfahrung entsprungen sein. In diesem Kapitel wird dargelegt, warum dies ein Irrweg ist, den wir schnellstens verlassen müssen, und zwar aus zwei Gründen: erstens, um die Umwelt tatsächlich (statt nur ideologisch) zu schützen, und zweitens, um den Industriestandort Deutschland und damit unser aller Wohlstand zu retten. Aber der Reihe nach Punkt für Punkt.

Beim Ruf nach Elektrifizierung der Fahrzeugwelt mit Batterien werden zwei Aspekte übersehen: Die Batterieproduktion belastet die Umwelt erheblich und sie verbraucht seltene Rohstoffe, die es schon bald nicht mehr geben wird. Die Autobatterien benötigen Spezialrohstoffe wie Kobalt, Lithium, Grafit, Nickel und Mangan. Viele dieser Rohstoffe werden unter menschenunwürdigen Umständen in afrikanischen und südamerikanischen Minen abgebaut. Zudem droht Lithium bei weiter steigendem Verbrauch schon im Jahr 2050 knapp zu werden. An diesen grundlegenden Aspekten ändert sich auch nichts, wenn der eine oder andere Fortschritt beim Abbau oder der Nutzung der Rohstoffe zu verzeichnen ist.

Das Elend der Elektromobilität

Die Förderung der für die Batterien notwendigen Rohstoffe ist alles anderes als nachhaltig oder umweltschonend. Das Elend, um Lithium und Kobalt aus der Erde zu holen, steht beispielhaft dafür, wie „dreckig“ die Elektromobilität in Wirklichkeit ist. Das gilt sowohl für die Demokratische Republik Kongo, in der etwa zwei Drittel der Weltproduktion an Kobalt gewonnen wird, als auch für die Fabriken in Chile und anderen südamerikanischen Ländern, die in ökologisch sensiblen Regionen wie Pilze aus dem Boden schießen. Für die Batterien eines E-Autos werden zwischen zehn und 15 Kilogramm Kobalt benötigt.

Im Kongo sind es in erster Linie die großen Minen der internationalen Rohstoffkonzerne, in denen 80 Prozent des Kobalts abgebaut wird. Aber rund 20 Prozent entfällt auf illegale Kleinminen, den sogenannten „artisanalen Bergbau“. In Schächten, die so schmal sind, dass nur Kinder durchpassen, teilweise bis zu 45 Metern tief in der Erde, wird der Rohstoff gewonnen, der die E-Autos antreibt. Viele der Minen und vor allem der Handel mit Kobalt liegen zu weiten Teilen in den Händen chinesischer Firmen, die klägliche Arbeitsbedingungen vor Ort schaffen. Auf Frachtschiffen wird das abgebaute Kobalterz zur Weiterverarbeitung nach China gebracht. Schließlich hat sich China das erklärte Ziel gesetzt, bis 2049 – also Hundert Jahre nach der Ausrufung der Volksrepublik China – die technologische Führerschaft der Welt zu übernehmen, noch vor den derzeit führenden USA. Elektronik spielt dabei eine maßgebliche Rolle, und natürlich auch die E-Mobilität. So ist es verständlich, dass die chinesische Regierung bestrebt ist, sich die gesamte Lieferkette für Kobalt und übrigens auch alle anderen für die E-Produktion benötigten Rohstoffe zu sichern.[62]

In Chile wird das Lithium großflächig in Salzseen, sogenannten Salares, gewonnen. Das Absinken des Grundwasserspiegels, die Bedrohung ganzer Tierarten wie den Andenflamingos und die Zerstörung der Landwirtschaft der indigenen Gemeinschaften an den Ufern der Salzseen, fallen der Elektromobilität zum Opfer.[63]

Die Schattenseiten der Elektromobilität werden in der politischen Diskussion in Deutschland wenig beleuchtet. Würde man es tun, käme heraus, dass der wahre Preis der Elektromobilität von anderen Menschen in anderen Ländern getragen wird. Denn es gibt über Kobalt und Lithium hinaus noch weitere Rohstoffe, die unter verheerenden Bedingungen abgebaut werden, weil sie für die moderne Industriegesellschaft von essenzieller Bedeutung sind. Dazu gehören auch Seltene Erden, einer der irreführendsten Begriffe überhaupt: Es handelt sich dabei keineswegs um Erde, sondern um Weichmetalle. Sie sind auch nicht selten, sondern überall in der Erdkruste vorhanden. Allerdings gibt es nur wenige Lagerstätten auf der Welt, wo sie derart konzentriert auftreten, dass sich der Abbau wirtschaftlich lohnt. Es gibt kein modernes Hightechprodukt ohne Seltene Erden.

Geopolitisch ist es also nachvollziehbar, dass sich China ein Quasimonopol auf Seltene Erden gesichert hat – zumal das mit Abstand größte Vorkommen auf chinesischen Boden liegt. Dies zusammen mit menschenunwürdigen und umweltverachtenden Abbaubedingungen hat China genutzt, um ein Monopol für Seltene Erden aufzubauen. Heute stammt rund 90 Prozent aller weltweit in Industrieprodukten eingesetzten Seltenen Erden aus China. Wer über die Rettung und Schonung natürlicher Ressourcen sinniert, muss wissen, dass dort die giftigen Abfallprodukte bei der Herstellung der einzelnen Elemente nicht fachgerecht entsorgt werden und auch die Luft bei der Verhüttung dramatisch belastet wird. Für politische Entscheidungen muss man sich klarmachen, dass die Abkehr vom Verbrennungsmotor zwar unsere Abhängigkeit vom Öl verringert, aber im Gegenzug die Abhängigkeit von der Volksrepublik China – hier lässt es sich im Unterschied zum Öl tatsächlich auf einen einzelnen Staat reduzieren – dramatisch erhöht.

Mögliche chinesische Exportkontrollen – angesichts der Zuspitzung des Konfliktpotenzials zwischen China und den USA im Grunde absehbar – haben also das Potential, direkte Auswirkungen auf die globale E-Autostrategie zu zeitigen.[64] Diese geopolitischen Implikationen der „Verherrlichung von E-Autos" durch die deutsche Politik scheinen in den Köpfen der Regierenden indes keine Rolle zu spielen; entweder sind sie dort noch gar nicht angekommen oder werden verdrängt, weil sie nicht ins eigene Weltbild passen.

Verheerende Öko- und Rohstoffbilanz

Die Ökobilanz der E-Wagen sieht nicht viel besser aus als ihre Rohstoffbilanz. So entstehen bei der Herstellung einer Kilowattstunde Speicherkapazität zwischen 150 und 200 Kilo Kohlenstoffdioxid. Damit sich die Umweltbilanz auch nur ausgleicht, müsste das E-Auto also mindestens acht Jahre in Betrieb sein. Nach dieser Zeit hat die Batterie allerdings längst erheblich an Kapazität eingebüßt, nämlich zwischen 20 und 30 Prozent; entsprechend geringer ist auch die Reichweite des Wagens.

Es stellt sich zudem die Frage, wohin mit der Batterie, wenn diese nach einigen Jahren nur noch 70 oder 80 Prozent ihrer ursprünglichen Kapazität aufweist. Die Industrie spricht von einem „Second Life", bei dem die Altbatterien zu großen Stromspeichern zusammengeschaltet werden. Die Nachfrage nach diesen Speicherblöcken dürfte steigen, weil sie als Pufferspeicher für elektrischen Strom geeignet sind. Beispiel Windkraft: Bei starkem Wind erzeugte Überkapazitäten werden in dem Batteriespeicher zwischengepuffert und bei Windstille zu einem späteren Zeitpunkt ins öffentliche Stromnetz eingespeist. Effizient ist diese Art der Stromspeicherung zwar nicht. Aber es wäre immerhin ein – wenn auch nur vorläufiger – Verwendungszweck für die ausrangierten Batterien, bis diese irgendwann endgültig ihre Funktionalität einbüßen und gefährlichen Sondermüll darstellen.

Tatsächlich stellt die Batterieproduktion den Knackpunkt bei der Ökobilanz dar. Für CO2-Neutralität ist es zwingend notwendig, die Batteriezellen in Europa zu fertigen, und zwar mit Strom aus erneuerbaren Energiequellen. Erfolgt die Produktion nämlich in China, entstammt der zur Batterieherstellung notwendige Strom überwiegend aus Kohlekraftwerken. Für ein Auto mit Dieselmotor fielen 8,4 Tonnen CO2-Emissionen an, für ein E-Auto mit Batterie aus China etwa 16,8 Tonnen, hat der Verein Deutscher Ingenieure (VDI) in einer Studie aus dem Jahr 2021 ausgerechnet.[65] Was das heißt? Ein Diesel ist in der Regel bei der Herstellung nur halb so umweltschädlich wie ein E-Auto. Tipp: Lesen Sie sich den letzten Satz einmal laut vor, um ihn besser zu behalten. Denn er zeigt die aberwitzigen Aussagen und Auswirkungen auf, die einer grünen Ideologie entspringen, bei der die „richtige Haltung“ wichtiger ist als alles Faktenwissen dieser Welt.

Doch die Batterieproduktion in Europa kommt seit Jahren nur stockend voran, wie eine Studie des Europäischen Rechnungshofs 2023 feststellte. Im Zeitraum 2014 bis 2020 hat die Batterieindustrie demnach mindestens 1,7 Milliarden Euro an EU-Finanzhilfen und -Darlehensgarantien erhalten, zusätzlich zu staatlichen Beihilfen von bis zu sechs Milliarden Euro, die zwischen 2019 und 2021 genehmigt wurden – hauptsächlich in Deutschland, Frankreich und Italien. Dennoch hat die Batterieproduktionskapazität in der EU im Jahr 2020 bei lediglich 44 GWh gelegen. Das reichte für die Herstellung von rund 700.000 E-Autos; im gleichen Jahr in der EU neu zugelassen wurden allerdings 1,4 Millionen E-Wagen, also doppelt so viele. Nun hat sich die EU als Ziel gesetzt, bis 2030 eine Batterieproduktionskapazität von rund 1200 GWh aufzubauen. Das wäre eine Versiebenundzwanzigfachung innerhalb von zehn Jahren. Ob das gelingt, steht mit Stand 2023 in den Sternen. Es könnte allein an den Rohstoffen scheitern. Schließlich ist die EU bei der Batteriefertigung in hohem Maße von Rohstoffeinfuhren abhängig – hauptsächlich aus einigen wenigen Ländern, mit denen es keine Handelsabkommen gibt. 2020 stammten 87 Prozent der Rohlithium-Importe aus Australien, 80 Prozent der Mangan-Importe aus Südafrika und Gabun, 68 Prozent der Einfuhren von Rohkobalt aus der Demokratischen Republik Kongo und 40 Prozent der Einfuhren von natürlichem Rohgraphit aus China. Zudem ist absehbar, dass die Wettbewerbsfähigkeit der Batterieproduktion in der EU durch steigende Rohstoff- und Energiepreise gefährdet ist. Schon Ende 2020 waren die Kosten für einen Batteriesatz (200 Euro pro kWh) mehr als doppelt so hoch wie geplant gewesen. Zwar verfügt Europa über einige Vorkommen, doch für ihre Erschließung werden mindestens zwölf bis 16 Jahre benötigt, sodass die steigende Nachfrage nicht schnell gedeckt werden kann. Lassen wir den Europäischen Rechnungshof zu Wort kommen: „Die EU darf im Batteriebereich nicht in Abhängigkeit geraten, so wie es beim Erdgas der Fall gewesen ist – ihre wirtschaftliche Souveränität steht auf dem Spiel. Mit der Absicht, den Verkauf neuer Benzin- und Dieselfahrzeuge bis 2035 einzustellen, setzt die EU ganz klar auf Batterien. Was den Zugang zu Rohstoffen, die Attraktivität für Investoren und die Kosten betrifft, befindet sie sich jedoch möglicherweise in einer Position der Schwäche."[66]

Mit anderen Worten: Durch den besonders intensiven Klimaschutz aufgrund der rigorosen Umstellung auf erneuerbare Energien und die damit verbundenen exorbitant hohen Energiekosten sowie eine ungeklärte Rohstoffversorgung in der EU wird die Produktion von Batterien für die vermeintlich besonders klimaschutzfreundlichen E-Autos aus Europa vertrieben. Das ist wohl eine von vorne bis hinten konsequent irregeleite Politik.

E ist nur auf dem Papier sauber

Der ehemalige Präsident des Ifo-Instituts, Hans-Werner Sinn kam gemeinsam mit dem Kölner Physikprofessor Christoph Buchal in einer Studie zu dem Schluss, dass E-Autos die deutsche Klimabilanz nur auf dem Papier entlasten, tatsächlich aber eine eher dreckige Umweltbilanz vorzuweisen haben. Die Gegendarstellungen ließen nicht lange auf sich warten. E-Autos leisten einen wichtigen Beitrag, um das Zwei-Grad-Ziel der internationalen Klimapolitik zu erreichen, argumentierten die E-Befürworter.[67] Das stimmt allerdings nur ideologisch, nicht faktisch – und auf jeden Fall keineswegs so eindeutig, wie häufig dargestellt.

Hinzu kommt: Was bei allen diesen Diskussionen wohlweislich kaum Beachtung findet, ist der heutige Fahrzeugbestand.

Eine Milliarde Fahrzeuge verschrotten

Eine konsequente E-Mobilität, wie aus ideologischen Gründen gefordert, macht im Grunde über eine Milliarde Fahrzeuge zu Schrott – denn ungefähr so viele Autos gibt es auf der Erde, und die meisten davon fahren mit Benzin oder Diesel.[68] Eine „Nachhaltigkeitsstrategie“, die mehr als eine Milliarde Fahrzeuge zum Alteisen erklärt, ist von einer Nachhaltigkeit so weit entfernt wie die Erde von der Sonne.

Viele von uns gehören zu den Betroffenen, denn wir fahren einen Benziner oder einen Diesel. Damit verbunden ist die Ungewissheit, wie lange man damit noch in welche Städte oder Regionen fahren darf – kommunale und regionale Fahrverbote für vermeintlich „dreckige“ Wagen, die EU-Grenzwerte etwa für Stickoxide überschreiten, sind nicht vom Tisch. Wer mit einem E-Auto die Seite gewechselt hat, kämpft dort vermutlich mit den Herausforderungen der neuen Technologie. Die Frage nach der noch verbleibenden Reichweite ist dabei wie ein Damoklesschwert, das über jeder längeren Reise schwebt. Hinzu kommt die Befürchtung, dass genau dann, wenn man sie benötigt, gar keine Ladesäule frei ist. Das ist übrigens keineswegs auf Europa beschränkt. Wer in den USA unterwegs ist, weiß, dass selbst in Ballungsräumen wie Los Angeles die Suche nach einer freien und funktionierenden Ladesäule ebenso mühsam ist wie die nach einem Parkplatz in praktisch jeder deutschen Innenstadt.[69] Wenn wir indes schon in den Industrienationen mit diesen Schwierigkeiten kämpfen, wie kann man dann ernsthaft erwarten, dass wirtschaftlich schwächere Länder auf E-Mobilität umsteigen?

Das in der europäischen und vor allem in der deutschen Politik häufig geäußerte Narrativ, wenn wir voranschreiten bei der Elektromobilität, werde die Welt schon folgen, ist an Naivität kaum zu überbieten.

Dieseldesaster und Klimakatastrophe

Auf die Frage nach dem warum, nämlich warum unsere Gesellschaft diese vermeintliche automobile E-Revolution überhaupt eingeläutet hat, gibt es zahlreiche Antworten und eine Nicht-Antwort. Fangen wir mit letzterer an: Die deutschen Automobilhersteller, über Jahrzehnte hinweg ein Rückgrat der heimischen Wirtschaft und eine weltweit bewunderte Symbolik für deutsches Ingenieurswesen mit Marken, die überall auf der Welt Begehrlichkeit weckten, haben die Reise in Richtung E-Mobilität nicht initiiert, sondern ganz im Gegenteil zu verhindern versucht, bis sie am Ende mit ihrer Blockadehaltung gescheitert sind. Und das hat vor allem zwei Gründe.

Erstens haben sich die deutschen Autohersteller mit dem Dieseldesaster selbst um jedwede Glaubwürdigkeit gebracht. 2015 fielen die Betrügereien der Hersteller erst auf, doch begonnen hatte das Spiel mit Lug und Betrug lange vorher.

Zweitens hat die bis in die 1970er Jahre zurückgehende Sorge um die Erhaltung der natürlichen Ressourcen unserer Erde mit der seit 2018 um sich greifenden Angst vor einer Klimakatastrophe geradezu zur Verdammung des automobilen Verbrennungsmotor als Inkarnation der Zerstörung unserer Umwelt geführt.

Beide Aspekte – das Dieseldesaster und die Angst vor der Klimakatastrophe – spielen eine Schlüsselrolle für den Siegeszug der Elektromobilität. Denn die deutsche Autoindustrie ist mit dem Dieseldesaster über Jahre hinweg sehenden Auges in Richtung Abgrund gerast. Sie hat damit sich, dem Qualitätslabel „made in Germany“ und dem Wirtschaftsstandort Deutschland schweren Schaden zugefügt. Die Dreistigkeit, mit der sie sich kurz, nachdem der Schwindel aufgeflogen war, von dieser Vergangenheit distanziert hat, war schwer zu überbieten. Die Chuzpe, mit der die Branche ihre Kunden nicht nur im Regen hat stehen lassen, sondern sogar noch versucht hat, aus dem von ihr verursachten Dilemma ein zusätzliches Geschäft zu generieren, war beispiellos.[70]

Das Ende der deutschen Dominanz beim Auto

Hinzu kommt freilich, dass sowohl die amerikanische als auch die asiatische Industrie ihre Chance sah und sieht, der deutschen Dominanz auf dem Automobilsektor den Garaus zu machen. Die „großen Gewinner der Irrfahrt E-Mobilität“ sind US-amerikanische Firmen, allen voran Tesla, und das Gros der neuen chinesischen Autobauer wie beispielsweise Nio oder

BYD. Es ist abzusehen, dass weitere US-Konzerne wie möglicherweise Apple, Amazon und Google künftig auf den europäischen Markt stürmen werden. Hingegen scheinen BMW, Daimler und Volkswagen auf der Verliererstraße zu fahren – wenn das Steuer nicht noch herumgeworfen wird. Denn es gibt sehr wohl Alternativen zur reinen Elektrifizierung der Autos.

Die in der Politik und publizierten Öffentlichkeit weit verbreitete Wahrnehmung, dass Verbrennungsmotoren ohnehin am Ende seien und E-Autos mit riesigen Batterien eine bessere Lösung oder gar die einzige Lösung darstellen, um das Klima zu retten, ist schlichtweg falsch. Zwar ist der Einsatz von Elektromotoren für den Fahrzeugantrieb zweifelsohne sinnvoll, aber immer schwerere Batteriepacks in den Wagen zu verbauen, um eine maximale Reichweite zu erzielen, ist es eben nicht.

Der Strom zur Speisung des Elektromotors kann besser mit einem kleinen Verbrenner im Auto selbst erzeugt werden. Doch dabei ist entscheidend, *was* verbrannt wird. Wir müssen sicherlich weg davon, fossile Brennstoffe zu verbrauchen und stattdessen auf grüne E-Fuels und Brennstoffzellen umschwenken.

Brennstoffzellen werden häufig als Alternative zur Elektrifizierung der Autos mit Batterien diskutiert. Dabei kann man manchmal den Eindruck gewinnen, die Brennstoffzelle sei so etwas wie eine bessere Batterie. Doch tatsächlich besteht zwischen beiden Technologien ein fundamentaler Unterschied: Batterien sind Energiespeicher, während es sich bei Brennstoffzellen um Energiewandler handelt. Eine Brennstoffzelle wandelt nämlich die chemische Energie eines Brennstoffs direkt in elektrische Energie (und Wärme) um. Dabei kann Wasserstoff als Ausgangsstoff dienen, der durch die Brennstoffzelle in Strom verwandelt wird. Doch der bessere Ausgangsstoff sind E-Fuels.

E-Fuels sind tatsächlich eine Lösung

In der Schaar der E-Anhänger sind „E-Fuels“ verpönt; sie gelten als ein verzweifelter Versuch, an der vermeintlich alten Verbrennertechnik festzuhalten. Doch diese Einordnung ist nur ideologisch zu verstehen.

Zur Erklärung: Bei E-Fuels handelt es sich um synthetische Kraftstoffe, die anstelle fossiler Brennstoffe zum Einsatz gelangen. Die Herausforderung besteht darin, diese Synthese der neuen Kraftstoffgeneration so hinzubekommen, dass im Endeffekt eine Nettoreduzierung der CO2-Emissionen zu verzeichnen ist – von der Herstellung bis zum Verbrauch im Wagen. Und das kann in mehreren Schritten erfolgen. Zunächst wird mittels grüner Energie, also solcher aus erneuerbaren Quellen, eine sogenannte Elektrolyse in Gang gesetzt, die Wasser in Wasserstoff und Sauerstoff spaltet. Der unschädliche Sauerstoff geht in die Luft; er ist unser Lebenselixier zum Atmen. Um aus dem Wasserstoff einen synthetischen Kraftstoff herzustellen, wird – und jetzt kommt's – Kohlendioxid (also das „böse“ CO2) benötigt, das man direkt aus der Luft nehmen oder von Industrieanlagen sammeln kann, die sonst CO2 in die Luft pusten würden. Der Herstellungsprozess *verbraucht* also CO2 – im Grunde der Traum jedes Klimaschützers. Um es mit einfachen Worten zu sagen: Wenn ein Auto E-Fuels verbrennt, wird nur das CO2 wieder freigesetzt, das vorher aus der Luft entnommen wurde; deswegen ist es CO2-neutral. Nochmals: Durch diesen Prozess lassen sich Kraftstoffe herstellen, die in herkömmlichen Autos verwendet werden können, ohne zusätzliches CO2 in die Atmosphäre zu bringen.

Die Technologie zur Herstellung von E-Fuels muss sicherlich noch weiter entwickelt werden – aber für welche technologische Entwicklung gilt das nicht? Und die enorme Menge an grünem Strom, also zum Beispiel mittels Photovoltaik erzeugtem Strom, muss nicht etwa in Europa oder gar Deutschland produziert werden. Die fossilen Energieträger wie zum Beispiel Erdöl oder Erdgas kommen schließlich ebenfalls überwiegend aus anderen Regionen der Welt. Es spricht also alles dafür, dort auch regenerativen Strom zu erzeugen und diesen für die Elektrolyse von E-Fuels einzusetzen. Denn – und jetzt kommt's nochmals – synthetische Kraftstoffe lassen sich über die gleichen Infrastrukturen transportieren und mit den gleichen Einrichtungen nutzen wie fossile Kraftstoffe.

Konkret: Motorentechnologie, Tankstellen, Lastwagen, Schiffe... alles, was bereits aufgebaut wurde, lässt sich weiter verwenden – mit keinen oder mit nur wenigen Anpassungen.

Je nach Wagentyp kostet eine Umrüstung auf synthetische Kraftstoffe 200 bis 300 Euro pro Auto. Das Gros davon entfällt auf den Arbeitslohn; die Materialkosten für den Ersatz von Plastikteilen durch Teile ohne Plastik bewegen sich im Bereich weniger Euros. Das bedeutet, dass in weniger industrialisierten

Ländern die Umrüstung deutlich kostengünstiger ist – entsprechend dem jeweiligen Lohnniveau vor Ort. Angesichts dieser Vorteile ist es geradezu erstaunlich, dass E-Fuels nicht die erste Wahl beim Umweltschutz und der Klimarettung darstellen. E-Fuels statt E-Autos ist angesagt, sollte man meinen. Nur wer glaubt, dass Autos sauber sind, wenn „hinten nichts rauskommt", läuft Gefahr, dem Irrglauben des Elektroantriebs zu verfallen, wäre anzunehmen.

In politischen Diskussionen wird häufig ein Argument gegen E-Fuels ins Spiel, das allerdings nur auf den ersten Blick sticht und bei genauerem Hinsehen zerfällt. Der bereits erklärte Prozess der Herstellung von E-Fuels ist energieintensiv und weniger effizient als beispielsweise der direkte Einsatz von Strom in Elektroautos. Das liegt daran, dass – wie ebenfalls schon erläutert – mehrere Schritte notwendig sind, um E-Fuels zu produzieren, und bei jedem dieser Schritte Energieverluste auftreten. Folgen wir der Argumentation: Zunächst muss Strom, idealerweise aus erneuerbaren Quellen wie Wind oder Sonne, erzeugt werden. Der Wirkungsgrad der Stromerzeugung hängt von der Technologie ab und liegt zum Beispiel bei modernen Photovoltaikanlagen bei circa 15 bis 20 Prozent. Der Strom wird genutzt, um Wasser in Wasserstoff und Sauerstoff zu spalten. Dieser Schritt hat einen Wirkungsgrad von etwa 70 bis 80 Prozent. Der erzeugte Wasserstoff wird mit CO2 in E-Fuels umgewandelt. Dieser Schritt hat einen Wirkungsgrad von etwa 80 Prozent. Der synthetische Kraftstoff wird schließlich im Wagen verbrannt, um Energie zu erzeugen. Verbrennungsmotoren haben einen Wirkungsgrad von etwa 25 bis 40 Prozent, ein moderner

Diesel bringt es auf rund 45 Prozent. Hingegen schafft ein Elektromotor typischerweise mindestens 90 Prozent Wirkungsgrad. Mit dieser Gegenüberstellung – bestenfalls 45 Prozent Wirkungsgrad beim Diesel versus über 90 Prozent bei Elektro – wird in der Regel gegen Verbrennungsmotoren und für den elektrischen Antrieb argumentiert. Doch dieser Vergleich gilt nur dann, wenn man lediglich das fix und fertige Auto betrachtet, aber den Herstellungsprozess und den für den Betrieb der Infrastruktur notwendigen Aufwand außen vorlässt. Dieser Vergleich ist genau so naiv wie die Vorstellung „wenn hinten nichts raus kommt, ist es sauber“.

E-Fuels können fossile Kraftstoffe direkt ersetzen

Gelegentlich wird in diesem Zusammenhang das Thema der Klopffestigkeit aufgebracht. Dieser ist ein wichtiger Parameter, der bestimmt, wie gut der Kraftstoff in einem Verbrennungsmotor funktioniert. Die Klopffestigkeit wird oft durch die Oktanzahl (für Benziner) oder die Cetanzahl (für Diesel) angegeben. Ein Kraftstoff mit hoher Klopffestigkeit zündet weniger leicht spontan und ist daher besser geeignet für Motoren mit hoher Verdichtung oder Turboladung. E-Fuels können mühelos so konzipiert werden, dass sie ähnliche chemische und physikalische Eigenschaften wie herkömmliche Kraftstoffe aufweisen. Das bedeutet, dass sie in etwa die gleiche Dichte, Viskosität und Klopffestigkeit haben und auch ähnliche Eigenschaften hinsichtlich der Löslichkeit und Reaktivität mit verschiedenen Materialien aufweisen sollten. Daher können E-Fuels, die als Ersatz für Benzin oder Diesel konzipiert sind, in bestehenden

Motoren in der Regel ohne oder mit nur geringen Modifikationen verwendet werden.

Allerdings kann es Unterschiede in der Verbrennungscharakteristik und in den Emissionen zwischen herkömmlichen Kraftstoffen und ihren synthetischen Äquivalenten geben. Das Alter des Fahrzeugs spielt dabei eine Rolle, da ältere Fahrzeuge teilweise nicht die neuesten Technologien zur Kraftstoffinjektion und Verbrennungskontrolle haben, die darauf ausgelegt sind, mit einer Vielzahl von Kraftstoffen umzugehen. Ältere Fahrzeuge können auch Materialkompatibilitätsprobleme mit bestimmten Kraftstoffen haben.

Erinnern wir uns an die Einführung von E10-Kraftstoff, der bis zu zehn Prozent Ethanol enthält, und bei dem die Kompatibilität von Kraftstoffen und Fahrzeugen eine Rolle spielte. Auch bei der E10-Einführung gab es zunächst Bedenken hinsichtlich der Kompatibilität mit einigen älteren Fahrzeugen. Ethanol ist aggressiver als Benzin und kann bestimmte Materialien wie bestimmte Arten von Gummi und Kunststoff angreifen, die in älteren Kraftstoffsystemen verwendet wurden. Es kann auch zur Korrosion bei bestimmten Metallen führen. Die meisten modernen Fahrzeuge sind jedoch für den Betrieb mit E10 ausgelegt und haben daher auch keine Probleme mit E-Fuels. Ähnlich wie E10 sollten die Fahrzeughersteller und Kraftstoffproduzenten bei der Einführung neuer Kraftstoffe zusammenarbeiten, um sicherzustellen, dass diese Kraftstoffe mit der breiten Palette von Fahrzeugen auf dem Markt kompatibel sind. Das ist indes bei E-Fuels besonders problemlos. E-Fuels sind nämlich darauf ausgelegt, fossile Kraftstoffe direkt zu ersetzen, und weisen daher eine bessere Materialkompatibilität auf als ein Kraftstoff wie E10, der einen signifikanten Anteil an Ethanol enthält. Im Klartext: War die Einführung von E10 schon weitgehend reibungslos, so könnte die Einführung von E-Fuels noch problemloser erfolgen.

An den Tankstellen stünde eine weitere Zapfsäule mit der Aufschrift „grüner E-Fuel" zur Verfügung. Die Autosteller würden Listen herausgeben, welche Fahrzeuge damit bedenkenlos betankt werden können. So einfach wäre es, würde man die ideologischen Hürden überwinden und die entsprechenden politischen und regulatorischen Schritte einleiten.

Kraftstoff aus CO2-Abfall herstellen

Hinzu kommt ein weiterer bereits erwähnter Vorteil von E-Fuels, der häufig überhaupt nicht berücksichtigt wird: Die Herstellung erfordert CO2 als Rohstoff. Dieses CO2 muss irgendwoher kommen, etwa aus der Luft oder aus Industrieemissionen. Merken Sie es? Aus Industrieabgasen – CO2 – lässt sich Kraftstoff herstellen! Besser kann eine Kreislaufwirtschaft gar nicht funktionieren. Vereinfacht gesagt könnte man also neben Industriebetrieben eine Herstellungsanlage für E-Fuels errichten, um das ausgestoßene CO2 wiederzuverwenden. Dieses Konzept, CO2 aus industriellen Prozessen zu nutzen und in wertvolle Produkte wie synthetische Kraftstoffe umzuwandeln, ist ein nachhaltiger Ansatz sowohl zur Reduzierung von Treibhausgasemissionen als auch zur Energiegewinnung. Experten sprechen von Carbon Capture and Utilization (CCU).

Dieser Prozess könnte direkt an Orten durchgeführt werden, an denen große Mengen CO2 emittiert werden, wie beispielsweise in Kraftwerken oder Fabriken. Dies könnte dazu genutzt werden, die Menge an CO2, die in die Atmosphäre freigesetzt wird, zu reduzieren, und gleichzeitig einen wertvollen Rohstoff zu liefern. Nehmen wir ein konkretes Beispiel: Die Fabrik, die Autos herstellt, könnte aus eben dieser Produktion E-Fuels erzeugen, mit denen die Autos fahren können. Das käme einer perfekten Kreislaufwirtschaft, sagen wir, sehr nah.

Natürlich sind damit einige Herausforderungen verbunden und nicht jede Produktionsstätte wäre dafür geeignet. So enthält das CO2 aus industriellen Prozessen oft Verunreinigungen, die entfernt werden müssen, bevor das CO2 in E-Fuels verwendet werden kann. Doch das Konzept, CO2 aus industriellen Prozessen in E-Fuels umzuwandeln, ist vielversprechend.

Beispiel Carbon2Chem

Es gibt hierzu sogar ein von der deutschen Bundesregierung gefördertes Projekt namens Carbon2Chem, das die Reduzierung von CO2-Emmission in der Stahlindustrie zum Ziel hat. Das mit synthetischem Kraftstoffen angetriebene Auto ist Teil dieses 2016 gestarteten Vorhabens. Das Ziel wird wie folgt beschrieben:[71]

Unter Verwendung erneuerbarer Energien sollen unvermeidbare Kohlendioxid-Emissionen aus der Industrie perspektivisch fossile Rohstoffe in der chemischen Industrie ersetzen. Hierfür wird ein cross-industrielles Produktionsnetzwerk aus Grundstoffindustrie, chemischer Industrie und Energiewirtschaft aufgebaut. Die Prozessgase aus Stahl-, Zement- und Kalkindustrie sowie der thermischen Abfallbehandlung dienen als Ausgangsstoff für die Produktion von synthetischen Kraftstoffen, Kunststoffen und weiteren Basischemikalien. Der modulare Bausteinansatz zur CO2-Nutzung innerhalb cross-industrieller Netzwerke ermöglicht die Verbindung von Klimaschutz und Wettbewerbsfähigkeit für große Industriestandorte in Deutschland und anderen Teilen der Welt.

Während der ersten Projektlaufzeit von Carbon2Chem (Juni 2016 bis Mai 2020) lag der Schwerpunkt auf der Entwicklung und Erforschung von geeigneten Verfahren. Im Fokus der Betrachtung standen die technische Machbarkeit sowie der Nachweis der Wirtschaftlichkeit und Nachhaltigkeit. Die zweite Phase von Carbon2Chem diente der Validierung der entwickelten Verfahren für die großtechnische Umsetzung und sollte die Grundlage für eine emissionsarme Grundstoffindustrie legen.

Dabei stellte sich das Verbundprojekt auch der Herausforderung einer Betrachtung der volkswirtschaftlichen Dimension einer solchen Transformation, wie zum Beispiel der Erhalt von Arbeitsplätzen gesichert und gleichzeitig ein Beitrag zur Klimaneutralität auch für andere CO2-intensive Industrien wie Zement- und Kalkwerke sowie thermischen Abfallbehandlungsanlagen geleistet werden kann. Mit den erreichten Meilensteinen in den einzelnen Leitprojekten in der ersten Phase von Carbon2Chem wurden Grundlagen und Voraussetzungen für die zweite Phase von Juni 2020 bis Mai 2024 geschaffen.

Dazu gehörte die Entwicklung von Verfahren zur Gasreinigung unter Verwendung von definierten Gasen sowie zur Produktion von Methanol (E-Fuels), welches im eigens dafür gebauten Technikum mit Realgasen weiteren Tests unterzogen wurden. Während der zweiten Projektphase lag und liegt der Fokus auf den Langzeitversuchen. Die technischen Verfahren werden weiter validiert und für die Industrialisierung ab 2025 hochskaliert. Federführend bei diesem Projekt ist das Fraunhofer-Institut für Umwelt-, Sicherheits- und Energietechnik, das hierzu mit dem Max-Planck-Institut für Chemische Energiekonversion und als Industriepartner mit der Thyssenkrupp AG zusammenarbeitet. Zusammenfassend lässt sich sagen, dass E-Fuels auf vielen Gebieten – und dazu gehört der Autoverkehr – deutlich vielversprechender sind als eine Umstellung auf elektrischen Strom.

Berliner Pressekonferenz zu E-Fuels-Autos

In diesen Zusammenhang gehört der Hinweis auf eine Pressekonferenz in Berlin im Herbst 2021, bei der die zu dieser Zeit amtierende Bundesforschungsministerin Anja Karliczek den Prototypen eines Autos vorstellte, das mit E-Fuels angetrieben werden kann – „das Projekt eines innovativen Methonalautos“ (Methanol gehört zu den E-Fuels), um aus der öffentlichen Veranstaltung unter dem Motto „Neue Perspektiven für den Klimaschutz“ zu zitieren. „Es geht für Deutschland um die Führung im internationalen Innovationswettbewerb“ verkündete die Ministerin großspurig.

Angesichts dieser schon recht weit gediehenen und von der deutschen Politik zur Kenntnis genommenen Entwicklung ist es erstaunlich, dass mit Stand 2023 das reine Elektroauto à la Tesla als „alleiniger Weg zur Klimarettung" auf dem Automobilsektor geradezu gepriesen wird. Das spricht weder für die Weitsicht der deutschen Politik noch – man kann es wohl nicht anders sagen – für die Innovationskraft der deutschen Autoindustrie.

Das ist angesichts der schweren wirtschaftlichen Schäden, die die hiesige Autoindustrie befürchten muss, wenn sie sich weiterhin von Tesla vorführen und von dem zunehmendem Strom chinesischer E-Autoanbieter unterbieten lässt, schwer verständlich.

Wir haben (noch) keine klimaneutrale E-Mobilität

In Europa nur noch E-Autos zuzulassen und zu glauben, damit das Weltklima gerettet zu haben, erinnert an ein Kind, das sich die Augen zuhält und meint, dann werde es nicht gesehen. Das wird schon daran deutlich, dass Elektroautos ohnehin nur klimaneutral fahren, wenn der dazu benötigte Strom klimaneutral erzeugt wird. Doch das ist mitnichten der Fall.

Wir haben mit Stand Anfang 2024 noch lange keine klimaneutrale Elektromobilität in Deutschland. Vielmehr wird zum Zeitpunkt des Erscheinens dieses Buch etwa die Hälfte unseres Stroms fossil erzeugt. Es gibt Tage, an denen 70 Prozent unseres Stroms aus Kohle und Gas kommen. Wir haben Tage, an denen 70, 80 oder sogar 90 Prozent unseres Stroms aus erneuerbaren Quellen stammen. Bei einer Verteilung zwischen fossiler bzw. erneuerbarer Energie von 50 Prozent über das Jahr hinweg würde also auch eine vollständige Umstellung auf E-Mobilität bestenfalls zu halber CO2-Neutralität führen. Wenn die deutsche und europäische Politik dem „Lockruf des E-Autos“ folgt, vergibt sie viele Chancen für Wachstum und Wohlstand im eigenen Land.

Eine Chance für die deutsche Industrie

Hat Tesla über Jahre hinweg den E-Karren gezogen, so sind seit einiger Zeit chinesische Autohersteller ebenso aktiv und häufig sehr erfolgreich in Sachen E-Autos. Die deutschen Autobosse klagen teilweise über einen Rückstand von fünf bis sieben Jahren bei E-Autos gegenüber chinesischen Wettbewerbern. Ein Blick auf die Zahlen verrät, dass in China mit Stand 2023 rund ein Viertel aller Fahrzeuge bereits elektrisch unterwegs sind – Tendenz steigend. Das bedeutet eine unübersehbare Gefahr für die deutschen Autohersteller, die einerseits ihre technische Vorreiterrolle bei Verbrennermotoren nicht mehr nutzen dürfen und andererseits beim E-Antrieb bestenfalls aufgeholt, aber keineswegs überholt haben. E-Fuels wären also der Königsweg, der deutschen Autoindustrie die Chance zu geben, ihren rund zehnjährigen Vorsprung bei Verbrennern noch lange Zeit zu nutzen, ohne mit dem Klima in Konflikt zu geraten. Es ist naiv zu meinen, China habe vor rund zehn Jahren auf E-Mobilität umgeschwenkt, um das Klima zu retten. Vielmehr hat die chinesische Autoindustrie ihre Chance gesehen, die vom Dieselskandal und dem Tesla-Angriff geschwächte deutsche

Autoindustrie frontal anzugreifen. Der deutsche Vorsprung bei Verbrennern war für Chinas Hersteller schwer aufzuholen. Aber E-Autos sind viel leichter zu konstruieren, so dass die deutsche Technologieführerschaft sozusagen ausgehebelt wird. Man muss schon sehr blauäugig sein, um zu glauben, dass es China bei der E-Mobilität in erster Linie um den Klimaschutz gegangen ist; die Wettbewerbssituation auf dem Automobilsektor, insbesondere gegenüber den deutschen Herstellern, dürfte eine ebenso große Rolle gespielt haben.

2023 erklärte der emeritierte Chef des Ifo-Instituts, Hans-Werner Sinn, öffentlich, warum der radikale Abschied vom Verbrennungsmotor ein großer Fehler ist: „Es ruiniert unsere Automobilindustrie, senkt unseren Lebensstandard und subventioniert andere Länder, vor allem China. Wo in den vergangenen Jahren nicht nur immer mehr Kohle verbrannt wird, sondern auch der Ölverbrauch steigt." Da es zu wenig Ökostrom gebe und die Atomkraftwerke abgeschaltet würden, „bedeuten mehr Elektroautos Braunkohleabbau und mehr Kohlenstoff in der Luft". Das Verbrennerverbot führt also wegen der Umlenkung der Öltanker in andere Länder nicht zu weniger Kohlenstoffemissionen. Im Gegenteil: „Der Klimawandel beschleunigt sich wegen des Verbrennerverbots."[72] Das ist wohl der Unterschied zwischen „gut gemeint" und „gut gemacht".

Streitfrage Kernkraftwerke

Wohl kaum ein Aspekt der deutschen Energiepolitik ist so umstritten wie der Betrieb von Kernkraftwerken.

Der Ausstieg Deutschlands aus der Kernkraft und der Aufstieg der politischen Partei „Die Grünen“ sind untrennbar miteinander verbunden. Die Wurzeln reichen weit zurück bis zum 7. April 1968. An diesem Tag war der *Club of Rome* gegründet worden, der in seinem 1972 veröffentlichten Bestseller „Die Grenzen des Wachstums“ deutlich machte, warum der Schutz unserer Umwelt für das Überleben der Menschheit unabdingbar ist.[73] Der *Club of Rome* wurde damit zum Vorreiter einer weltweiten Umweltbewegung und zum Ideengeber für die in den 1970er Jahren entstandene gesellschaftliche Anti-Atomkraft-Bewegung in Deutschland, die sich unter anderem mit dem Symbol „lachende Sonne“ oder „rote Sonne“ genannten Logo und dem Slogan „Atomkraft? Nein, danke!“ jahrelang gegen die Nutzung der Kernenergie zur Energieerzeugung zu Wehr setzte.[74]

Organisierter Widerstand gegen die Kernkraft

In Garching bei München wurde 1957 der erste Forschungsreaktor in der Bundesrepublik gebaut.[75] Seit Mitte der 1960er Jahren gingen wirtschaftlich genutzte Kernkraftwerke ans Netz. Sie galten als sichere, umweltfreundliche und wirtschaftliche Möglichkeit zur Lösung des Energieproblems. Nach der Ölkrise 1973 plante die damals amtierende Bundesregierung den großzügigen Ausbau der Kernenergie, um den prognostizierten, ständig steigenden Energiebedarf zu sichern. Bis 1985 sollten nach der damaligen Planung 40 neue Atommeiler gebaut werden. Doch gegen den Bau eines Kernkraftwerkes in der kleinen südbadischen Gemeinde Wyhl kam es 1975 zur ersten großen Protestaktion von Atomkraftgegnern in der Bundesrepublik.[76] Dieser Widerstand hat sich über die nachfolgenden Jahre und Jahrzehnte verstärkt – Stichworte: Brokdorf, Gorleben, Grohnde, Castor-Transporte.

Das (vorläufig) endgültige Ende der friedlichen Nutzung der Kernenergie wurde 2011 nach einem Unfall im japanischen Atomkraftwerk bei Fukushima besiegelt. Drei Monate später beschloss der Deutsche Bundestag den Ausstieg aus der Atomenergienutzung bis Ende 2022 – vorbehaltlich einer eventuellen Neuausrichtung angesichts des Angriffs Russlands auf die Ukraine im Februar 2022 mit den daraus resultierenden gravierenden Unsicherheiten bei der Versorgungssicherheit.[77]

Wie die EU Atomstrom grün machte

Zum Jahreswechsel 2021/22 stellte die EU-Kommission im Rahmen des Green Deals einen Plan vor, der Gas- und Atomkraftwerke „grün machen“ sollte. Der Hebel dazu war die sogenannte Taxonomie, ein Bürokratiemonster, das Finanzanlegern eine Richtschnur für nachhaltige Investitionen an die Hand geben soll. Demnach wären Investitionen in Gas- und Kernkraftwerke also nachhaltig, ökologisch sinnvoll, sauber und damit eben auch „moralisch vertretbar".[78]

In der Taxonomie gibt es drei Kategorien. In der ersten befinden sich alle Aktivitäten, die direkt zur Vermeidung von CO2-Emissionen beitragen – etwa der Aufbau von Wind- und Wasserkraftwerken oder Solarpanels. In die zweite Kategorie gehört alles, was derartige Aktivitäten ermöglicht oder unterstützt. Auf der dritten und damit untersten Stufe stehen Technologien, die für begrenzte Zeit den Übergang in eine klimaneutrale Zukunft ebnen sollen. In diese dritte Kategorie ordnet die EU-Kommission auch die Kernkraft ein.

Für die meisten europäischen Länder stellte die Kernkraftfreundliche Weichenstellung der EU-Kommission kein Problem dar, weil sie ohnehin eine Atomstrategie verfolgen. Anders Deutschland, Österreich, Dänemark, Portugal und Luxembourg – in diesen fünf Nationen ist Kernkraft verpönt, die Regierungen haben sich vom Atomstrom verabschiedet.

Doch viele andere Länder rund um den Globus – in Europa vor allem Frankeich – stufen Kernkraft keineswegs als eine Übergangs-, sondern als eine Zukunftstechnologie ein.[79] Sehr vieles deutet auf eine verstärkte friedliche Nutzung der Kernenergie in den 2030er Jahren hin. Sie wäre allem Risiko zum Trotz und natürlich nur, solange keine gravierenden atomaren Unfälle auftreten, eine Antwort auf die zunehmende Umweltbelastung durch die fossile Energiegewinnung. Neue Technologien deuten auf eine Renaissance der zivilen Atomenergienutzung hin. Das Spektrum reicht von großindustriellen Kernfusionsreaktoren bis hin zu Mini-Atomkraftwerken aus der Massenproduktion.

Die Sonne auf Erden

2021 gelang es in China und 2022 in den USA, in einem Kernfusionsreaktor die Fusion sekundenlang aufrecht zu erhalten.[80] Dieser Vorgang, der bisher nur sehr selten glückte, könnte durchaus die Zukunft der Energieerzeugung verändern. Kernfusion ist der Prozess, der unserer Sonne und anderen Sternen ihre unbändige Energie verleiht. Dabei verschmelzen zwei gleich geladene, leichte Atomkerne zu einem größeren Atom – ein Prozess, bei dem extrem viel Energie freigesetzt wird. Um die Fusion zu bewerkstelligen, muss jedoch zunächst sehr viel Energie aufgewendet werden. Denn ähnlich wie zwei Magnete, bei denen sich die beiden gleichen Pole einander abstoßen, stoßen sich auch gleich geladene Atomkerne gegenseitig ab. Um sie fusionieren zu lassen, machen Sterne sich ihre massive Größe zunutze, die einen immensen Druck im Kern der Sterne erzeugt.[81]

In den 2030er Jahren könnten erstmals Technologien auf der Erde verfügbar werden, um diesen immensen Druck zu erzielen, der für Kernfusionsreaktoren benötigt wird. Man muss dazu extreme Temperaturen in der Größenordnung von 100 Millionen Grad Celsius erzeugen. Genau dies war China 2021 mit dem Fusionsreaktor EAST (Experimental Advanced Superconducting Tokamak) gelungen, der eine Kernfusion für zehn Sekunden aufrecht erhalten konnte. Bis zu einer industriellen

Nutzung werden noch Jahre der Forschung notwendig sein. Doch wenn es gelingt, eine Möglichkeit zur Erzeugung einer stabilen Kernfusion zu finden, wären unsere Energieprobleme wahrscheinlich gelöst. Wichtiger Vorteil dabei: Bei dem Vorgang entsteht kein radioaktiver oder anderweitig gefährlicher Abfall. Noch dazu kann ein solcher Fusionsreaktor mit Meerwasser betrieben werden – eine erneuerbare, nachhaltige Ressource.[82]

Auch in Europa wird die friedliche Nutzung der Kernenergie durch Fusionsreaktoren schon seit längerem vorangetrieben.[83] Bereits 1985 wurde die Idee für den Bau des Fusionsreaktors ITER im südfranzösischen Kernforschungszentrum Cadarache geboren. ITER wird als gemeinsames Forschungsprojekt der EU, der Schweiz, der USA, Chinas, Japans, Russlands und Indiens entwickelt.[84] 2007 wurde der Baubeginn angekündigt und seit Anfang der 2020er ist er in vollem Gange. Die Fertigstellung von ITER ist bei Drucklegung dieses Buches für das Jahr 2025 vorgesehen, wobei weitere Verzögerungen als wahrscheinlich gelten; die erste Fusion soll frühestens 2036 stattfinden.[85]

Atomkraftwerke wie am Fließband

Parallel zu diesen Großprojekten scheint sich für die 2030er und danach die Verbreitung kleiner modularer Atomkraftwerke, die wie am Fließband produziert werden, anzubahnen. Die Mini-AKWs brauchen nur wenige Hektar Fläche und produzieren zwischen 30 und 450 Megawatt. Anfang der 2020er waren zwei atomare Kleinkraftwerke bereits in Betrieb. Sie befanden sich an Bord des Schiffs „Akademik Lomonossow" und versorgten die sibirische Stadt Pevec und ihre 100.000 Einwohner mit Wärme und mit Strom. Auch die USA und Kanada setzen auf diese neue Generation der „Smart Modular Reactors", die ab 2025 Strom liefern sollen. China verfolgt ebenfalls entsprechende Pläne.[86]

In den USA machte 2020 ein Startup auf sich aufmerksam, das unter dem Projektnamen „Aurora" kleine Atomreaktoren entwickelt, die mit Atommüll betrieben werden sollen. „Aurora" ist gerade mal so groß wie ein Einfamilienhaus und soll Strom für bis zu 1.000 Haushalte liefern.[87] Zahlreiche weitere Entwicklungsansätze zur friedlichen Nutzung der Kernenergie stehen für die 2030er Jahre bereit.[88]

Es würde den Rahmen dieses Buches sprengen, das Potenzial der zivilen Kernkraftnutzung ausführlich zu beleuchten. Immerhin war es bemerkenswert, dass China 2023 den ersten Thorium-Reaktor in Betrieb nahm.[89] Um eine lange Geschichte auf den Punkt zu bringen: Thorium-Reaktoren funktionieren mittels Kernspaltung, wobei kein Risiko einer gefährlichen Kernschmelze besteht. Die Technik dazu wurde bereits in den 1960er Jahren entwickelt. Sie konnte sich nicht durchsetzen, weil sich die damalige US-Regierung für die konkurrierende Uran-Technologie entschied. Das hatte einen einerseits banalen und andererseits furchtbaren Grund: Das aus uranbetriebenen Kernkraftwerken gewonnene Plutonium ließ sich zur Herstellung von Bomben verwenden – was in der damaligen Phase des Kalten Krieges für die USA von hoher Bedeutung war.[90]

Doch ohne diese politische Bürde und mit neuen Technologien ist für die Zukunft mit einer steigenden Bedeutung der Kernkraft für die Energieversorgung in zahlreichen Ländern rund um den Globus zu rechnen – allerdings wohl auf absehbare Zeit nicht in Deutschland.

Zwar kamen 2023 zahlreiche Experten zu dem Schluss, dass sich acht der in Deutschland stillgelegten Kernreaktion innerhalb von zwei Jahren – einige sogar binnen weniger Monate – wieder hochfahren ließen. Das wäre angesichts des Zusammenbruchs der Gasversorgung aus Russland immerhin ein überdenkenswertes Szenario. Indes, es fehlt am politischen Willen dazu. Und natürlich wäre eine Spaltung der Gesellschaft an der „Atomfrage“ absehbar.

Dieser deutsche Weg ist umso bemerkenswerter, als unsere Nachbarländer teilweise auf mehr statt weniger Kernkraft setzen – nicht nur Frankreich. So legte Polen 2023 Pläne vor, nach denen Kernkraftwerke in den nächsten Jahrzehnten geradezu wie Pilze aus dem Boden schießen sollen. Dabei setzt Polen sowohl auf große Anlagen als auch auf eine neue Generation modularer und kompakter Reaktoren.[91]

Alle Energieprobleme der Menschheit lösen

Die friedliche Nutzung der Kernenergie birgt das Versprechen, die Energieprobleme der Menschheit zu lösen und die durch das Verbrennen fossiler Energieträger mitverursachte Erwärmung der Erde und die dadurch drohende Klimakatastrophe abzuwenden oder jedenfalls abzumildern. Ob dieser

Durchbruch bei der Kernenergie tatsächlich gelingt, bleibt ungewiss. Auf sehr lange Sicht betrachtet scheint jedoch sogar die Etablierung eines Fusionskraftwerks im Weltraum nicht ausgeschlossen.

Deutschland will die Welt retten…

.. doch das ist unmöglich! Deutschland mit maximal zwei Prozent und Europa mit knapp zehn Prozent Anteil am weltweiten CO2-Ausstoß kann das Klima allein nicht „retten“. Selbst wenn eine Reduzierung der CO2-Emissionen hierzulande auf Null – was unmöglich erscheint – das Klima stabilisieren würden – was keineswegs gewährleistet ist –, wäre der Einfluss der EU-Staaten und erst recht Deutschlands zu gering.

Die fünf weltweit größten Emittenten von CO2 sind nun einmal China (28 Prozent), die USA (15 Prozent), Indien (sieben Prozent), Russland (fünf Prozent) und Japan (drei Prozent). Deutschland liegt mit zwei Prozent etwa gleichauf mit Saudi-Arabien, Südkorea, Indonesien und dem Iran. Die EU bringt es über alle 27 Mitgliedsstaaten auf einen Anteil von acht bis neun Prozent. Natürlich hat die EU in den letzten Jahrzehnten erhebliche Anstrengungen unternommen hat, um ihre CO2-Emissionen zu reduzieren. Das Ziel der EU für 2020 bestand darin, ihre Emissionen um 20 Prozent im Vergleich zu 1990 herunterzuschrauben, und sie hat dieses Ziel erreicht. Für 2030 hat die EU das Ziel, die Emissionen um mindestens 55 Prozent im Vergleich zu 1990 zu senken.

Ziehen wir zum Vergleich den größten CO2-Verschmutzer heran: China. Während die EU immer weiter reduziert, legt China beim CO2-Ausstoß vorläufig weiter zu. Erst im Jahr 2030 sollen die CO2-Emissionen ihren Höhepunkt erreicht haben;

danach ist ein allmählicher Rückgang geplant. Im Jahr 2020 kündigte der chinesische Präsident Xi Jinping an, dass China das Ziel hat, bis 2060 kohlenstoffneutral zu werden, das heißt, dass die Netto-Treibhausgasemissionen auf null reduziert werden sollen. Die EU hat sich dieses Ziel für 2050 vorgenommen. Vergleichen wir die Ziele bei erneuerbaren Energien: Die EU hat sich verpflichtet, bis 2030 mindestens 32 Prozent ihres Gesamtenergieverbrauchs aus erneuerbaren Energiequellen zu decken, im Vergleich zu diesem Ziel von etwa 20 Prozent in China. Merken Sie den Unterschied? China lässt sich viel mehr Zeit, während die EU und allen voran Deutschland am liebsten von heute auf morgen alles umstellen möchte. Das schnelle Voranpreschen Europas mit Deutschland an der Spitze erweist sich sogar als klimaschädlich, wie eine Studie der Internationalen Energieagentur im Jahr 2023 aufdeckte.

Die Lachnummer mit der Kohle

Mit dem Dogma „Wir müssen den CO2-Ausstoß so rasch und so stark wie möglich reduzieren, um das Weltklima zu retten" zeigten die Klimaideologen, dass sie so wenig Ahnung von der Marktwirtschaft wie von der Atmosphärenphysik haben. Im Sommer 2023 stellte die Internationale Energieagentur (IEA) fest: Während die Kohlenachfrage in der EU und den USA sinkt, wächst sie in China und Indien deutlich – und zwar so sehr, dass die Rückgänge in den westlichen Industrieländern überkompensiert werden. Das hat zur Folge, dass die Welt 2023 voraussichtlich so große Mengen dieses fossilen Energieträgers verbrennen wird wie nie zuvor.[92]

Die Hoffnung der selbsternannten Klimaretter, dass der Ausstieg aus Kohlekraftwerken in Deutschland und Europa der Welt Milliarden an Tonnen CO2-Emissionen ersparen würde, verkehrte sich ins Gegenteil. Das war zwar für die grünen Klimaideologen eine böse Überraschung, aber für alle rational denkenden Menschen vorhersehbar. Schon vor Jahren hatte der damalige Chef des ifo Instituts, Hans-Werner Sinn, auf das sogenannte „Grüne Paradoxon“ hingewiesen. Demnach werden die fossilen Energieträger, die in Europa nicht genutzt werden, zu niedrigeren Preisen anderswo in der Welt verbrannt. Die nachlassende Nachfrage Europas führt nämlich zu einem Preissturz bei fossilen Rohstoffen, was andere Länder für sich nutzen. Die EU und allen voran Deutschland wollten sich zum Lehrmeister der ganzen Welt aufspielen, aber die meisten Staaten waren – wenig überraschend – keineswegs gewillt, sich dem europäischen Klimadiktat zu unterwerfen.

Nach Schätzungen der IEA steigt die weltweite Kohlenachfrage 2023 um 0,4 Prozent auf rund 8,4 Milliarden Tonnen. Über die Hälfte davon, 4,5 Milliarden Tonnen, entfällt auf China. Dort sowie in Indien geht die IEA von einer Zunahme der Kohlenachfrage um jeweils 5,5 Prozent im Jahr 2023 aus. Die beiden bevölkerungsreichsten Länder der Welt sind also die Nutznießer der ideologischen westlichen Klimapolitik. Sie können die fossilen Energieträger, die Europa von sich weist, zu niedrigen Preisen erwerben und damit die Wirtschaft und den Wohlstand in ihren Ländern fördern. Während wir in Europa und insbesondere in Deutschland irrational auf ständige Sonne und stetige Winde hoffen, setzen China und Indien auf Kohle für eine sichere, beständige und damit kalkulierbare Energieversorgung.

Der deutsche Kohleausstieg entpuppte sich somit 2023 als eine Lachnummer, mit der sich Deutschland im Zirkus der Weltwirtschaft blamierte. Selten zuvor wurde der Unterschied zwischen „gut gemeint" und „gut gemacht" derart überdimensional auf der Weltbühne inszeniert. Zur Klarstellung: Dies stellt keinen Freibrief für die Plünderung fossiler Brennstoffe dar, aber sehr wohl ein Plädoyer für den rationalen Umgang mit der Realität. Die Annahme, dass die Welt gerne auf den Oberlehrmeister Deutschland hört, ist ein Irrglaube. Die deutsche Bevölkerung würde sich wohl eher ebenfalls überwiegend gerne der Wünsch-dir-was-Melodie der Politik mit dem fortwährenden Refrain „Die Realität ist mir doch egal" entziehen, wenn sie es nur könnte, um dem Abschwung im eigenen Land zu entkommen.

Deutschland in der Rezession

Das Wachstum der Weltwirtschaft 2023: plus drei Prozent; und Deutschland: minus 0,3 Prozent – so der Internationale Währungsfonds (IWF). Manch einer mag sich an den European Song Contest im gleichen Jahr erinnert fühlen – Germany: zero Points, letzter Platz unter 22 Nationen.[93]

Mit Stand Anfang 2024 und auf absehbare Zukunft steckt Deutschland in einer Rezession, die sich schon lange abgezeichnet hat. Die Regierung versprach ein grünes Wirtschaftswunder, den ökologischen Umbau, doch das ist eine Illusion.

Der Standort Deutschland leidet seit Jahren unter ökonomischer Auszehrung. In allen Rankings ist Deutschland abgerutscht. Die Steuerbelastung und die Energiepreise zählen zu den höchsten der Welt, die Arbeitskosten ebenso. Die Arbeitsproduktivität wächst kaum noch. Die Bildung befindet sich ebenso im Niedergang wie die Investitionen. Während Deutschland bei Zukunftsthemen wie Digitalisierung, Weltraumfahrt oder Künstlicher Intelligenz weltweit kaum eine Rolle spielt, sollte die „grüne Transformation“ die Wende in der Wirtschaft bringen. Tatsächlich entpuppt sich die Energiewende als Weichenstellung in die falsche Richtung, nämlich nach unten. Dafür gibt es handfeste Gründe.

Bei den „grünen Produkten“ wie Wärmepumpen, E-Autos, Windrädern oder Solarzellen hat Deutschland überhaupt keine Führungsrolle inne. Es sind keine Innovationen made in Germany, die die Welt verändern könnten wie die Dampfmaschine oder der Verbrennungsmotor. Künstliche Intelligenz (und künftig vermutlich Quantencomputer) stellen derartige Basisinnovationen dar, aber damit hat Deutschland wenig am Hut.

Hingegen werden bei der „grünen Transformation“ funktionierende Infrastrukturen wie Gasheizungen, Autos mit Verbrennungsmotor und Kernkraftwerke binnen kürzester Zeit für obsolet erklärt. Die dazugehörigen Wertschöpfungsketten und Arbeitsplätze gehen unwiederbringlich verloren. Bei der Energieversorgung des Landes wird darauf vertraut, dass die Sonne schon scheinen und der Wind wehen wird. Für Dunkelflauten werden notwendige, aber unproduktive Reservekapazitäten angelegt.

Am schlimmsten ist aber wohl, dass sich die Regierung anmaßt, bei technologischen Entwicklungen den Weg zu weisen. Statt mit Technologieoffenheit den Wettbewerb zu fördern, will der Staat festlegen, was technisch am besten ist. Soweit das nicht funktioniert, wird so lange mit Subventionen gesteuert, bis sich auch die unrentabelste Technik irgendwie lohnt. Vor diesem Hintergrund ist es nachvollziehbar, wenn von einer Ökodiktatur die Rede ist. Schlussendlich muss man feststellen, dass unrealistische Zielvorgaben beim Umwelt- und Klimaschutz, CO2-Steuern und Emissionszertifikate, unsinnige technische Vorgaben und Unsicherheiten beim Einsatz neuer Technologien sowie immer weiter steigende Energiekosten eine Deindustrialisierung Deutschlands in Gang gesetzt haben, die sich weiter fortsetzt. Die Unternehmen und übrigens auch besonders fähige Arbeitskräfte wandern zusehends ins Ausland ab. Die Preisgabe der deutschen Autoindustrie an die Konkurrenz aus den USA und China durch abenteuerlich-absurde gesetzliche Vorgaben, die Verteufelung des Verbrenners und die „Seligsprechung“ der Elektromobilität stehen exemplarisch für eine völlig verfehlte Industriepolitik. Die irrationale deutsche Energiepolitik schickt sich an, zur Schicksalsfrage unserer Nation zu werden. Die Politik wird auf ein einziges Dogma ausgerichtet: Wir müssen die Klimaerwärmung bei 1,5 bis maximal zwei Grad Celsius begrenzen – und wenn das Deutschland gelingt, ist im Grunde die ganze Welt gerettet. Doch um nochmals Jim Skea, den Chef des Weltklimarates zu zitieren: „Die Welt wird nicht untergehen, wenn es um mehr als 1,5 Grad wärmer wird.“

Die Einsicht, dass CO2 als Übeltäter reduziert werden muss, lässt sich leicht vermitteln – obgleich die Thematik deutlich vielschichtiger ist. Die radikale Strategie, den CO2-Ausstoß völlig zu verbieten, führt indes dazu, dass die deutsche Industrie ihre Weltgeltung verliert bzw. in andere Länder abwandert. Das bedeutet einen Verlust an Wirtschaftswachstum, Arbeitsplätzen und letztendlich Wohlstand in Deutschland.

Deutschland lebt schon lange von der Substanz

Tatsächlich hat unser Wohlstand schon lange zu schrumpfen begonnen, wie Studien nahelegen. Deutschland lebt schon seit Jahren von seiner Substanz.[94] Im Vergleich mit vielen anderen entwickelten Volkswirtschaften hat Deutschlands Kapitalstock in den vergangenen 20 Jahren erheblich an Qualität eingebüßt.[95] Zum Kapitalstock eines Landes gehören Fabrikgebäude, Maschinen, Straßen und Schulen sowie alles, was man als geistiges Eigentum bezeichnet, also Forschung und Entwicklung, Software, Datenbanken und so weiter. Der Kapitalstock und die Arbeitskräfte bilden das Rückgrat jeder Volkswirtschaft. Je moderner der Kapitalstock, desto höher ist die Wertschöpfung je Beschäftigtem – und umgekehrt. In Deutschland wird der Kapitalstock allerdings seit vielen Jahren immer älter.

Eine Verjüngungskur ist nicht in Sicht, ganz im Gegenteil. 2022 flossen aus Deutschland 121 Milliarden Euro mehr Direktinvestitionen ab als investiert wurden. Unter 46 Staaten rund um den Globus war das der stärkste Abfluss. Das fiel politisch nicht weiter auf, weil im Folgejahr, 2023, die größte Investition kam, die je ein ausländisches Unternehmen in Deutschland getätigt hat: die Errichtung einer Halbleiterfabrik durch den US-Chipkonzern Intel. Indes: Die Bundesregierung förderte die Ansiedlung mit rund 10 Milliarden Euro an Subvention – eine Rekordsumme. Die Rechnung „mit immer mehr Subventionen immer mehr Unternehmen dazu zu bewegen, sich in Deutschland anzusiedeln“ wird auf Dauer nicht aufgehen. Es ist vielmehr ein besonders eklatantes Beispiel für eine dirigistische, staatlich gelenkte Wirtschaftspolitik, die sich an politischen Interessen statt an marktwirtschaftlichen Mechanismen orientiert. Rechnen wir nach: Mit den 10 Milliarden Subventionsgeld plante Intel die Schaffung von 3.000 Jobs; damit kostete jeder Arbeitsplatz rund 3,3 Millionen Euro. Zudem hat Intel offenbar einen langfristig außergewöhnlich niedrigen Strompreis ausgehandelt, um die für das übrige Deutschland geltenden exorbitant hohen Energiekosten zu umgehen. Der Kanzler jubelte 2023 – „Mit dieser Investition schließen wir technologisch zur Weltspitze auf“ –, aber eine Weichenstellung für die Zukunft ist es nicht, internationale Konzerne auf Kosten der deutschen Steuerzahler nach Deutschland zu locken.[96]

Subventionen sind das falsche Signal

Das Konzept, Industriekonzernen nicht nur mit Milliardeninvestitionen unter die Arme zu greifen, sondern auch mit billigem Strom, dem sogenannten „Industriestrom“ auszuhelfen, war das Sahnehäubchen auf dem Kuchen des wirtschaftlichen Unverstands. So erteilte der wissenschaftliche Beirat des Wirtschaftsministeriums im Sommer 2023 der Idee eines staatlich subventionierten Industriestrompreises eine klare Absage: „In Zeiten knapper Finanzen und angesichts des notwendigen Kraftakts bei der Ausweitung der erneuerbaren Energien raten wir von der Einführung eines Industriestromtarifs ab.“ Bei einem künstlich nach unten gedrückten Strompreis für die Industrie drohten notwendige, strukturelle Anpassungsprozesse zu unterbleiben, kritisierte das Gremium. Das war eine höfliche Umschreibung für ein verheerendes Szenario: Die privaten Haushalte und der Mittelstand zahlen mit hohen Energiekosten den Billigstrom für die großen Industriekonzerne. Die mittelständische Wirtschaft würde also gezwungen, ihre großindustrielle Konkurrenz zu subventionieren. Das käme einem Generalangriff auf das Herz der deutschen Wirtschaft, den Mittelstand, gleich. Es widerstrebt zudem jedwedem Gerechtigkeitsempfinden, wenn private Haushalte Strom für teuer Geld abnehmen müssen, während die Konzernwelt vom Billigstrom profitieren soll.

Eine Ideologie-Politik braucht immer mehr Geld

Subventionen für die Ansiedlung und die Energieversorgung von industriellen Großunternehmen sind vielmehr ein Signal dafür, dass Deutschland im Standortvergleich gegenüber anderen Staaten im Nachteil ist. Tatsächlich belegt die deutsche Industrie unter 36 OECD-Ländern nur Rang 20 bei der Produktivitätsentwicklung der vergangenen 15 Jahre. Vor allem hat Deutschland ein Kostenproblem. Die hohen Energiepreise schrecken Investoren genauso ab wie die hohen Unternehmenssteuern. Gleichzeitig steigen die Lohnnebenkosten immer stärker und liegen inzwischen über der 40-Prozent-Schwelle. Eine Regierung, die den Ideologien folgend agiert, braucht eben immer mehr Geld, um die Folgen ihrer fehlgeleiteten Politik zu verdecken.

Inzwischen verlassen so viele deutsche Firmen aus Kostengründen den Heimatmarkt wie seit 15 Jahren nicht mehr, zeigte eine Umfrage der Deutschen Industrie- und Handelskammer aus dem Jahr 2023.[97] Der Fachkräftemangel, eine überbordende Bürokratie und eine hohe Inflation gesellen sich zu den ausufernden Energiekosten, so dass am Ende ein „Quartett der Negativfaktoren“ für den wirtschaftlichen Niedergang Deutschlands sorgen könnte – wenn wir nicht gegensteuern.

Die deutsche Wirtschaftsstrategie ab 2024

Im Herbst 2023 stellte der amtierende Wirtschaftsminister die langerwartete Wirtschaftsstrategie für die Zukunft vor, also 2024 und die Folgejahre. Tenor des rund 60-seitigen Strategiepapiers: Wir wollen Deutschland als starken Industriestandort in seiner ganzer Vielfalt erhalten“. Die Liste der dazu vorgesehenen Maßnahmen war lang: Schnellerer Ausbau erneuerbarer Energien, Bürokratieabbau, Abhilfe beim Fachkräftemangel durch leichtere Zuwanderung und längere Lebensarbeitszeit, Brückenstrompreis für energieintensive Branchen und die dauerhafte Etablierung von Förderprogrammen für die Industrie. Ebenso umfassend las sich die Liste, was alles in Deutschland erhalten bleiben soll. Kurz gesagt: nahezu alles – „vom Weltkonzern über die mittelständischen Hidden Champions bis zum

Kleinbetrieb. Von der energieintensiven Grundstoffindustrie über den Maschinen- und Fahrzeugbau bis zur Raumfahrt."

Das klang auf den ersten Blick gut, doch tatsächlich war es das (absehbare) Fundament einer staatlich regulierten Wirtschaft entlang folgender Maxime:

Wir geben den Kurs der Wirtschaft vor. Mit Steuermitteln sorgen wir dafür, dass die Wirtschaft dem von der Regierung gewünschten Kurs folgt. Das kostet, was es kostet. Wenn das Land dazu höhere Schulden machen muss, dann ist das eben so.

Immerhin: Es war ein klares Bekenntnis zum Wirtschaftsstandort Deutschland. Es wurde deutlich, dass bei allen Träumen von der Beinahe-über-Nacht-Umstellung auf regenerative Energieträger ökonomische Überlegungen auch künftig eine wesentliche Rolle spielen.

Allerdings regte die Bundesregierung zeitlich mit ihrer neuen Wirtschaftsstrategie auch eine „Reform der Schuldenbremse" an. Mit anderen Worten: Das neue Wohlstandsprogramm soll mit einer weiteren Staatsverschuldung erkauft werden. Um das in Zahlen zu fassen: Nach Angaben des Statistischen Bundesamts waren Bund, Länder, Gemeinden und Sozialversicherung per Ende 2022 mit rund 2.368 Milliarden Euro verschuldet – über 47 Milliarden Euro mehr als noch im Vorjahr. 20 Jahre zuvor, 2002, lag die Staatsverschuldung „nur" bei 1.277 Milliarden Euro, also fast halb so wenig wie 2022.[98]

Ideen für den Wohlstand von Morgen

Statt mit immer mehr Ideologie das Klima und die ganze Welt und mit immer mehr Steuergeld die deutsche Wirtschaft retten zu wollen, brauchen wir Ideen und realistische Konzepte für den Wohlstand von Morgen. Dazu gehören für die Zukunft tragfähige Energiekonzepte, um die vor uns liegenden Aufgaben zu bewältigen: Klimaneutralität der Wirtschaft, stabile Sozialkassen, ausgeglichene öffentliche Haushalte und ein funktionierendes Rentensystem, das dem demografischen Wandel standhält, um nur einige zu nennen. Dazu brauchen wir eine Stärkung der mittelständischen Wirtschaft, der Industrieproduktion und der Innovationskraft in Deutschland – und zwar ohne, dass die Bevölkerung all dies aus mit immer höheren Steuern bezahlen muss oder das Land immer mehr Schulden auf sich lädt. Vielmehr ist die Politik aufgefordert, die richtigen Rahmenbedingungen zu schaffen, damit sich Mittelstand, Industrie und Innovationskraft selbstständig entfalten können. Die sogenannte „Energiewende“ steht dieser Zielsetzung leider in vielerlei Hinsicht diametral entgegen.

Zukunft Export

Dabei hätte Deutschland durchaus gute Chancen (gehabt), die voraussehbare globale Abkehr von fossilen Energien und die Hinwendung zu regenerativen Energieträgern für sich zu nutzen. Allerdings nicht, indem wir bei uns selbst anfangen, sondern indem wir uns darauf konzentrieren, grüne Technologien zu entwickeln, zu weltmarktfähigen Kosten zu produzieren und dann in die ganze Welt zu vertreiben. Machen wir uns klar: Das „Geschäftsmodell" der Bundesrepublik Deutschland konnte man über Jahrzehnte hinweg in einem einzigen Wort zusammenfassen: Export. Kein anderes großes Industrieland verfügt traditionell über einen so hohen „Offenheitsgrad" wie Deutschland. Der Offenheitsgrad beschreibt das Verhältnis von Import und Export zur gesamtwirtschaftlichen Leistung eines Landes. Deutschland lag auf dieser Skala über lange Jahre hinweg mit einem Offenheitsgrad von über 90 Prozent international an der Spitze.

Das enorme ingenieurtechnische und industrielle Potenzial Deutschlands für die Entwicklung von Technologien zur Nutzung regenerativer Energien auszuschöpfen und die daraus abgeleiteten Industrieproduktion hierzulande zu festigen – das wäre der Weg (gewesen), unsere Position als Exportnation weiter auszubauen, die wirtschaftliche Prosperität im eigenen Land zu fördern und gleichzeitig maßgeblich zum Umwelt- und Klimaschutz beizutragen.

Dazu gehört allerdings, sich nicht den eigenen Energiehahn abzudrehen oder jedenfalls Energie derart zu verteuern, dass die Entwicklung und vor allem die Produktion aus Deutschland abwandern. Denn wenn die deutsche Industrie nicht mehr hierzulande fertigen und exportieren kann, dann geht sie natürlich in die Länder, in denen ihre Produkte gebraucht werden, und produziert dort vor Ort.

Einsicht ist der erste Schritt zur Besserung, lautet ein altes Sprichwort. Hoffen wir, dass es auf die deutsche Energiepolitik zutrifft. Denn der amtierende Bundeswirtschaftsminister gab im Herbst 2023 unumwunden zu: „Wir verlieren die Industrie und damit nicht nur Arbeitgeber und Branchen, sondern einen maßgeblichen Teil des Wohlstands“. In dem von seinem Ministerium veröffentlichten Papier zu einer sogenannten „Industriestrategie“ war von „existenzbedrohenden Energiepreisen“ die Rede.[99] Desaströser kann eine politische Eigenbilanz kaum ausfallen.

Doch die Hoffnung stirbt zuletzt: Wenn es gelingt, die Energiekosten wieder auf ein im Weltmaßstab wettbewerbsfähiges Maß zu drücken und die Entwicklung und den Export grüner Technologien zu forcieren, dann gibt es noch Chancen.

Bücher im DC Verlag

Stasi 2.0 – Wie wir durch den staatlich-industriellen Digitalkomplex zu gläsernen Bürgern werden und was das für unsere Zukunft bedeutet. 2. aktualisierte Auflage, Andreas Dripke, Markus Miksch, 444 Seiten, ISBN 978-3-947818-05-1

Mein Atomknopf ist größer – America vs. North Korea. Jamal Qaiser, 184 Seiten, Paperback, ISBN 978-3-947818-01-3

Rechtsruck – Wie das Wiedererstarken des Nationalismus Deutschland in die Katastrophe führt. Anonyme Autoren, 660 Seiten, Paperback, ISBN 978-3-947818-06-8

Pandemie – Die Welt im Corona-Krieg, 2. aktualisierte Auflage, Andreas Dripke, Markus Miksch, 148 Seiten, Paperback, ISBN 978-3-947818-13-6

Covid-19 Falsche Pandemie – Die fatalen Fehler der WHO und ihre verhängnisvollen Folgen. Jamal Qaiser, Markus Miksch, 234 Seiten, Paperback, ISNB 978-3-947818-15-0

75 Jahre UNO – Macht und Ohnmacht der Vereinten Nationen. Andreas Dripke, Hang Nguyen, 330 Seiten, Paperback, ISBN 978-3-947818-07-5

Die Dekade 2020-2030 – Das kommt auf uns zu!, Andreas Dripke, Hang Nguyen, 362 Seiten, ISBN 978-3-947818-17-4

Corona und Impfen, Andreas Dripke et al., 188 Seiten, ISBN 978-3-947818-18-1

Hacker – Angriff auf unsere Computer-Zivilisation, Anonyme Autoren, 432 Seiten, ISBN 978-3-947818-23-5

Künstliche Intelligenz (KI) – Wir werden gedacht, Dr. Horst Walther, Andreas Dripke, 250 Seiten, ISBN 978-3-947818-25-9

Migration nach Europa – Wir schaffen das und die Folgen, Anonyme Autoren, 510 Seiten, Paperback, ISBN 978-3-947818-32-7

Auto – Vom Diesel-Desaster bis zum selbstfahrenden E-Auto, Autorengemeinschaft Diplomatic Council, 572 Seiten, Paperback, ISBN 978-3-947818-09-9

Digitale Disruption – Alles wird anders, Andreas Dripke et al., 216 Seiten, Paperback, ISBN 978-3-947818-34-1

Welt ohne Bargeld – Bitcoin und andere Kryptowährungen, Andreas Dripke, Stephanie Stoerk, 176 Seiten, Paperback, ISBN 978-3-947818-41-9

Die biometrische Vermessung der Menschheit, Andreas Dripke et al., 212 Seiten, Paperback, ISBN 978-3-947818-39-6

Apple Car – Wie der iKonzern das Auto neu erfindet, Andreas Dripke et al., 284 Seiten, Paperback, ISBN 978-3-94-7818-43-3

Der Wahn mit dem Datenschutz, Marc Ruberg et al., 136 Seiten, Paperback, ISBN 978-3-947818-51-8

Die Apple Agenda – Welche Märkte der iKonzern künftig revolutionieren wird, Andreas Dripke et al., 260 Seiten, Paperback, ISBN 978-3-947818-47-1

Hilfe, wir werden gechippt! – Vom Mikrochip unter der Haut bis zum Hirnschrittmacher, Andreas Dripke et al., 176 Seiten, Paperback, ISBN 978-3-947818-55-6

Cyber War – Die digitale Bedrohung, Marc Ruberg et al., 244 Seiten, Paperback, ISBN 978-3-947818-45-7

Inside WHO – Analyse der World Health Organization (WHO) und ihres Chefs Dr. Tedros Adhanom Ghebreyesus, Andreas Dripke et al., 124 Seiten, Paperback, ISBN 978-3-947818-27-3

2045 – Das Jahr, in dem die Künstliche Intelligenz schlauer wird als der Mensch, Andreas Dripke, Dr. Horst Walther, 104 Seiten, ISBN 978-3-947818-57-0

Der digitale Euro kommt – Fakten, Analysen, Hintergründe, Andreas Dripke, Stephanie Stoerk, 232 Seiten, Paperback, ISBN 978-3-947818-61-7

Denken 5.0 – Was die klügsten Köpfe eines globalen Think Tank über unsere Zukunft denken; Andreas Dripke, Claude Piel, Detlef Schmuck, Dr. Harald Schönfeld, Helmut von Siedmogrodzki, Stephanie Stoerk, Dr. Horst Walther; 292 Seiten, Paperback, ISBN 978-3-94-7818-36-5

Digitale Identität – Unser Zwilling im Datennetz, Andreas Dripke et al. 164 Seiten, Paperback, ISBN 978-3-947818-53-2

Ewige Pandemie – Freiheit ade, Andreas Dripke, Markus Miksch, 204 Seiten, Paperback, ISBN 978-3-947818-59-4

Der Dritte Weltkrieg – Das Undenkbare denken, die deutsche Ausgabe von „How to avoid World War III“, Hang Nguyen, Jamal Qaiser, 216 Seiten, Paperback, ISBN 978-3-947818-67-9

Auto ohne Lenkrad – Das selbstfahrende Auto steht vor der Tür, Patrick Dripke, Thomas Gronenthal, 140 Seiten, Paperback, ISBN 978-3-947818-79-2

Roboter im Alltag – Maschinen (beinahe) wie Menschen, Andreas Dripke, 176 Seiten, Paperback, ISBN 978-3-947818-71-6

Irrfahrt E-Auto – Abgesang auf die deutsche Autoindustrie, Thomas Gronenthal et al., 212 Seiten, Paperback, ISBN 978-3-947818-81-5

China versus USA – Kampf um die Vorherrschaft, Dr. Horst Walther et al., 280 Seiten, Paperback, ISBN 978-3-947818-63-1

Krieg in Europa – Unser schlimmster Albtraum, Andreas Dripke, Hang Nguyen, Jamal Qaiser, Dr. Horst Walther, 260 Seiten, Paperback, ISBN 978-3-98674-026-9

Kampf ums Wasser – Die Herausforderung des 21. Jahrhunderts, Claude Piel, 380 Seiten, Paperback, ISBN 978-3-98674-024-5

Asyl – Flucht ins Paradies, Hang Nguyen, 220 Seiten, Paperback, ISBN 978-3-98674-012-2

Das Internet der Dinge – Die Vernetzung umschlingt uns, Andreas Dripke, Wolfgang Odenthal, 132 Seiten, Paperback, ISBN 978-3-947818-99-0

Die Rückkehr der Kernkraft – Warum Atomenergie unsere Zukunft ist, Andreas Dripke, Hang Nguyen, Marc Ruberg, 204 Seiten, Paperback, ISBN 978-3-947818-95-2

Spion im Smartphone – Wie unser Alltags-Begleiter zur Falle wird, Marc Ruberg et al., 208 Seiten, Paperback, ISBN 978-3-947818-85-3

Kampf ums All – Wie Jeff Bezos, Richard Branson und Elon Musk den Weltraum erobern, und die Rolle der NASA, der ESA, Russlands und Chinas, Andreas Dripke, 260 Seiten, Paperback, ISBN 978-3-98674-014-6

Wenn sich China und Russland verbünden... – Die Herausforderung der Freien Welt, Andreas Dripke, Hang Nguyen, Jamal Qaiser, 260 Seiten, Paperback, ISBN 978-3-98674-016-0

Widerstand gegen die digitale Überwachung – Wofür Julian Assange und Edward Snowden kämpften, Marc Ruberg, Detlef Schmuck, 220 Seiten, Paperback, ISBN 978-3-947818-93-8

Alles über Krypto – NFT, Blockchain, Bitcoin & Co, Andreas Dripke, Stephanie Stoerk, 160 Seiten, Paperback, ISBN 978-3-98674-007-8

Computer wie Götter – Die Rechenknechte übernehmen die Herrschaft, Andreas Dripke, Hang Nguyen, 148 Seiten, Paperback, ISBN 978-3-98674-005-4

Das Versagen des Westens in Afghanistan, Syrien und der Ukraine, Hang Nguyen, Jamal Qaiser, 148 Seiten, Paperback, ISBN 978-3-947818-97-6

Das Diesel-Desaster – Die Geschichte des größten deutschen Industrieskandals, Thomas Gronenthal et al., 340 Seiten, Paperback, ISBN 978-3-947818-83-9

Der Dritte Weltkrieg – Das Undenkbare denken, Hang Nguyen, Jamal Qaiser, 268 Seiten, Paperback, ISBN 978-3-947818-67-9

Metaverse – Was es ist, wie es funktioniert, wann es kommt, Andreas Dripke, Marc Ruberg, Detlef Schmuck, 256 Seiten, Paperback, ISBN 978-3-947818-87-7

Klimakatastrophe – Wahn oder Wirklichkeit, Hang Nguyen et al., 184 Seiten, Paperback, ISBN 978-3-947818-49-5

Was nach dem Smartphone kommt – Eine Reise in unsere digitale Zukunft, Andreas Dripke et al., 152 Seiten, Paperback, ISBN 978-3-947818-69-3

Sebastian Thrun – Eine deutsche Karriere im Silicon Valley, Andreas Dripke, 298 Seiten, Hardcover, ISBN 978-3-98674-062-7

Ich bin nicht woke – Eine Widerrede gegen Gendern, Woke, Cancel Culture und anderes Gedöns, Mai Linh Tran, 184 Seiten, Paperback, ISBN 978-3-98674-065-8

Masterplan: Wie Elon Musk unsere Welt erobert, Andreas Dripke, 288 Seiten, Paperback, ISBN 978-3-98674-056-6

ChatGPT und LaMDA sind erst der Anfang – Wie Künstliche Intelligenz unser aller Leben verändert, Andreas Dripke, Tony Nguyen, Dr. Horst Walther, 200 Seiten, Paperback, ISBN 978-3-98674-067-2

Die digitale Zivilisation – Die Genesis und Zukunft unserer Informationsgesellschaft, Andreas Dripke, Harald A. Summa, 232 Seiten, Paperback, ISBN 978-3-98674-044-3

Künstliche Intelligenz für Entscheider, Andreas Dripke, Andreas Renner, Prof. Dr. Alexander Richter, Dr. Harald Schönfeld, Prof. Dr. Sebastian Thrun, Dr. Horst Walther, 220 Seiten Hardcover, ISBN 978-3-98674-078-8

Klima: Unsicherheit und Risiko – Unsere Reaktion überdenken, Dr. Judith Curry, 512 Seiten, Hardcover, ISBN 978-3-98674-091-7

Wohlstand und Wirtschaftswachstum ohne Reue – Klimarettung ja, Deindustrialisierung nein, Jean Pütz mit Andreas Dripke, Hardcover, ISBN 978-3-98674-093-1

KI Report 2023/24: Wie das Topmanagement in Deutschland, Österreich und der Schweiz mit Künstlicher Intelligenz umgeht – Andreas Dripke, Andreas Renner, Dr. Harald Schönfeld, 132 Seiten, Paperback, ISBN 978-3-98674-089-4

Über das Diplomatic Council

Das vorliegende Werk ist im Verlag des Diplomatic Council (DC) erschienen: DC Publishing. Das Diplomatic Council verknüpft einen globalen Think Tank, ein weltweites Business Network und eine Charity Foundation in einer einzigartigen Organisation mit Beraterstatus bei den Vereinten Nationen.

Wirtschafts- und Wissenschaftsdiplomatie im Fokus

DC Mitglieder vertreten die feste Überzeugung, dass Wirtschafts- und Wissenschaftsdiplomatie ein tragendes Fundament für die internationale Völkerverständigung und den friedlichen Umgang der Nationen darstellt. Aus dieser Erkenntnis heraus überträgt das Diplomatic Council das Ziel der globalen Völkerverständigung in ein ökonomisch-wissenschaftliches Mandat. Die Methodik eines weltweiten Wirtschafts- und Wissenschaftsnetzwerkes wird hierzu mit der diplomatischen Kommunikationsebene der Staaten dieser Erde untereinander verknüpft. Vor diesem Hintergrund sind im Diplomatic Council Persönlichkeiten aus Diplomatie, Wirtschaft, Wissenschaft und Gesellschaft engagiert, die mit Augenmaß ausgewählt werden und die sich durch eine hohe Akzeptanz, eine hohe Kompetenz und ein mit den Grundpfeilern des Diplomatic Council übereinstimmendes Wertesystem auszeichnen. Ebenso sind Unternehmen willkommen, für die Corporate Social Responsibility mehr als ein Schlagwort ist.

Höchster Status bei den Vereinten Nationen

Das Diplomatic Council hat bei den Vereinten Nationen den höchsten Status zugesprochen bekommen, der für eine Nicht-Regierungsorganisation erreichbar ist: den akkreditierten Beratungsstatus beim Wirtschafts- und Sozialrat der UNO. Dadurch kann das DC mit Rederecht an den UNO-Sessions teilnehmen und mit schriftlichen Eingaben seine Standpunkte vertreten.

Das bedeutet, dass das Diplomatic Council der Stimme der wirtschaftlichen und wissenschaftlichen Vernunft Gehör verschaffen kann: Eine florierende Wirtschaft entlang den neuesten Erkenntnissen der Wissenschaft und dem technischen Fortschritt, die den Menschen Wohlstand beschert, gehört zu den besten Friedensgaranten überall auf der Welt.

DC Mitglieder können sich als Delegierte bewerben, um an UNO-Sessions in New York, Genf und Wien oder online teilzunehmen. Damit erschließt das Diplomatic Council seinen Mitgliedern eines der hochwertigsten globalen Kontaktnetze für wirtschaftliche, wissenschaftliche und soziale Fragestellungen.

Weitere Informationen: www.diplomatic-council.org

Quellenangaben und Anmerkungen

[1] https://www.welt.de/politik/article759237/Warum-ich-nicht-an-die-Klimakatastrophe-glaube.html
[2] https://www.geo.de/wissen/weltall/23644-rtkl-was-war-vor-dem-urknall
[3] https://www.planet-schule.de/mm/die-erde/Barrierefrei/pages/Die_Anfaenge_der_Erde.html
[4] https://www.planet-wissen.de/natur/forschung/entstehung_des_lebens/pwiedieentstehungdererde100.html
[5] https://germanhistory-intersections.org/de/wissen-und-bildung/ghis:image-26
[6] https://www.spiegel.de/politik/saeureregen-da-liegt-was-in-der-luft-a-9b3bc698-0002-0001-0000-000014347006?context=issue
[7] https://www.planet-wissen.de/natur/umwelt/waldsterben/index.html
[8] https://www.spiegel.de/politik/das-weltklima-geraet-aus-den-fugen-a-fa7f2e33-0002-0001-0000-000013519133
[9] https://idw-online.de/de/news197770
[10] https://www.welt.de/politik/article759237/Warum-ich-nicht-an-die-Klimakatastrophe-glaube.html
[11] https://www.klimafakten.de/behauptungen/behauptung-der-co2-anstieg-ist-nicht-ursache-sondern-folge-des-klimawandels
[12] https://www.welt.de/geschichte/article149168932/Der-Klimawandel-hat-Europa-schon-einmal-zerstoert.html
[13] https://www.spektrum.de/magazin/verhinderte-der-mensch-eine-eiszeit/836337
[14] https://de.wikipedia.org/wiki/Kambrische_Explosion
[15] https://www.scinexx.de/news/geowissen/ausloeser-der-kambrischen-explosion-gefunden/
[16] https://www.dlr.de/next/desktopdefault.aspx/tabid-6553/10765_read-24300/
[17] https://rp-online.de/panorama/wissen/klima/klima-klimaerwaermung-deutlich-schneller-als-gedacht-alarmstufe-rot_aid-62046939
[18] https://www.br.de/klimawandel/un-klimakonferenz-2018-kattowitz-klimagipfel-100.html
[19] https://www.bpb.de/kurz-knapp/lexika/das-europalexikon/309438/pariser-klimaabkommen/
[20] https://www.stern.de/news/britischer-professor-jim-skea-zum-neuen-leiter-des-weltklimarats-gewaehlt-33685688.html
[21] Climate Uncertainty and Risk – Rethinking Our Response, Dr. Judith A. Curry, Deutsche Ausgabe im Verlag des Diplomatic Council, ISBN 978-3-98674-085-6

[22] https://www.tagesspiegel.de/wissen/hitzewellen-sprengen-rekorde-nasa-prognostiziert-juli-2023-als-heissesten-monat-seit-jahrhunderten-10186588.html

[23] https://www.dwd.de/DE/service/lexikon/Functions/glossar.html?lv3=100732&lv2=100652

[24] https://www.irena.org

[25] https://www.erneuerbare-energien.de/EE/Navigation/DE/Recht-Politik/International/IRENA/irena.html

[26] https://de.wikipedia.org/wiki/Kohlenstoffzyklus

[27] Curry, Judith. Climate Uncertainty and Risk: Rethinking Our Response (Anthem Environment and Sustainability Initiative)

[28] https://de.wikipedia.org/wiki/James_Watt

[29] https://de.wikipedia.org/wiki/Industrielle_Revolution

[30] https://de.statista.com/statistik/daten/studie/157841/umfrage/ranking-der-20-laender-mit-dem-groessten-bruttoinlandsprodukt/

[31] https://de.statista.com/statistik/daten/studie/241480/umfrage/umsaetze-der-wichtigsten-industriebranchen-in-deutschland/

[32] AG Energiebilanzen des Bundestages 2021

[33] https://www.spiegel.de/wirtschaft/kraftwerke-fuer-energiewende-robert-habeck-spricht-von-durchbruch-mit-eu-a-3dca886f-db90-4b67-889a-215bfc1854ff

[34] https://www.vci.de/vci/downloads-vci/publikation/2019-10-09-studie-roadmap-chemie-2050-treibhausgasneutralitaet.pdf

[35] https://www.bundesnetzagentur.de/SharedDocs/Pressemitteilungen/DE/2023/20230104_smard.html

[36] https://www.focus.de/finanzen/news/das-geht-nicht-mit-der-strom-logik-fahren-wir-die-energiewende-gegen-die-wand_id_192702539.html

[37] https://leading-minds.com/lamia-messari-becker-die-energiewende-braucht-ein-korrektiv/

[38] https://www.bmwk.de/Redaktion/DE/Publikationen/Klimaschutz/klimaschutz-in-zahlen.pdf

[39] https://praxistipps.focus.de/lebensdauer-und-haltbarkeit-eines-fertighauses-infos-zur-qualitaet_97183

[40] https://www.kba.de/DE/Statistik/Fahrzeuge/Bestand/Fahrzeugalter/2021/2021_b_kurzbericht_fz_alter_pdf.pdf

[41] https://www.energiewechsel.de/KAENEF/Redaktion/DE/FAQ/GEG/faq-geg.html

[42] https://www.haufe.de/immobilien/wirtschaft-politik/neues-gebaeudeenergiegesetz_84342_491404.html

[43] https://winfuture.de/news,136262.html

[44] https://www.zdf.de/nachrichten/politik/kommunale-waermeplanung-100.html

[45] https://www.wiwo.de/unternehmen/energie/atomkraft-in-der-ukraine-habecks-nuklearmoral-hat-einen-haken/29082986.html

[46] https://www.t-online.de/nachrichten/deutschland/innenpolitik/id_100189454/gruene-wollen-waermepumpe-in-zentrale-einbauen-und-scheitern-seit-jahren.html
[47] https://www.linkedin.com/posts/andreas-fischer-63929595_energiesparen-gebäude-saniert-mieter-frustriert-activity-7058688755792007168-jilE/
[48] Verivox, 10.05.23, Neukundentarif
[49] https://www.berliner-zeitung.de/wirtschaft-verantwortung/scholz-geothermie-ein-baustein-fur-klimaneutrale-wirtschaft-li.346248
[50] https://www.tagesschau.de/wissen/klima/geothermie-107.html
[51] https://www.heise.de/news/Wasserstoff-Bund-und-Laender-wollen-Wasserstoffnetz-aufbauen-9189599.html
[52] https://www.heise.de/news/Erdgasbranche-setzt-auf-blauen-tuerkisen-und-gruenen-Wasserstoff-9009019.html
[53] https://www.heise.de/hintergrund/Gruener-Wasserstoff-bleibt-auf-Dauer-rar-7274053.html
[54] https://www.heise.de/news/Erdgasbranche-setzt-auf-blauen-tuerkisen-und-gruenen-Wasserstoff-9009019.html
[55] https://www.amazon.de/Wohlstand-Wirtschaftswachstums-ohne-Reue-Deindustrialisierung/dp/3986740937/
[56] https://www.heise.de/hintergrund/Gruener-Wasserstoff-bleibt-auf-Dauer-rar-7274053.html
[57] https://www.capital.de/wirtschaft-politik/was-der-fall-graichen-fuer-habeck-bedeutet---und-wie-es-weitergeht-33478066.html
[58] https://www.handelsblatt.com/politik/deutschland/compliance-ein-unangenehmer-verdacht-im-bundesverkehrsministerium-/29251024.html
[59] https://www.rbb24.de/politik/beitrag/2023/03/volksentscheid-berlin-klimaneutral-2030-wahlsonntag.html
[60] https://www.tagesschau.de/wirtschaft/atomkraft-schweden-akw-forsmark-101.html
[61] https://www.nzz.ch/meinung/das-deutsche-heizungsgesetz-als-abschreckendes-lehrstueck-oder-was-die-schweiz-vom-grossen-nachbarn-lernen-kann-ld.1742494
[62] https://www.zdf.de/nachrichten/heute/batterien-die-schattenseiten-der-e-mobilitaet-100.html
[63] https://www.zdf.de/dokumentation/planet-e/planet-e-der-wahre-preis-der-elektroautos-100.html
[64] https://www.manager-magazin.de/politik/weltwirtschaft/seltene-erden-neue-angst-vor-kontrolle-kritischer-rohstoffe-durch-china-a-49876e0b-69ca-4b4d-8162-002f1c4101fb
[65] https://www.bw24.de/stuttgart/daimler-eauto-wahrheit-elektro-co2-stuttgart-umwelt-ingenieure-verbrenner-druck-studie-batterie-90088145.html
[66] https://ecomento.de/2023/06/21/europa-droht-wettlauf-um-batterien-zu-verlieren-rechnungshof/

[67] https://amp2-wiwo-de.cdn.ampproject.org/c/s/amp2.wiwo.de/technaologie/mobilitaet/ist-das-e-auto-ein-rueckschritt-was-hans-werner-sinn-bei-seiner-elektroauto-studie-uebersehen-hat/24237236.html
[68] https://live-counter.com/autos/
[69] https://www.focus.de/auto/ratgeber/unterwegs/lange-schlangen-auto-international-ladestationen-in-los-angeles-chaos_id_124856995.html
[70] Das Diesel-Desaster: Die Geschichte des größten Industrie-Skandals Deutschlands, Thomas Gronenthal, ISBN 978-3947818839
[71] https://www.umsicht.fraunhofer.de/de/forschungslinien/kohlenstoffkreislauf.html
[72] https://www.spiegel.de/wirtschaft/hans-werner-sinn-der-klimawandel-beschleunigt-sich-wegen-des-verbrennerverbots-a-6beef07f-8c34-41c3-ab52-13c2e5e5fa28?sara_ref=re-so-app-sh
[73] https://web.archive.org/web/20160422045000/https://www.volkswagenstiftung.de/de/veranstaltungen/veranstaltungsarchiv/detailansicht-veranstaltung/news/detail/artikel/40-jahre-grenzen-des-wachstums-oeffentliche-abendveranstaltung-mit-dennis-meadows-1/marginal/3815.html
[74] Radkau: *Die Ära der Ökologie: Eine Weltgeschichte.* Beck, 2011, ISBN 978-3-406-61372-2. Zitiert nach Peter Leusch: *Kann blockieren Sünde sein – Geschichte der Anti-AKW-Bewegung.* im Deutschlandradio.
[75] https://www.frm2.tum.de/fileadmin/w00bnv/www/Aktuelles___Medien/Broschueren/Sonstige/40Jahre_Atom-Ei.pdf
[76] https://www.bpb.de/apuz/333362/kleine-geschichte-der-atomkraft-kontroverse-in-deutschland
[77] https://www.planet-wissen.de/technik/atomkraft/das_reaktorunglueck_von_tschernobyl/geschichte-der-anti-atomkraft-bewegung-100.html#Proteste-gegen-AKWs-und-Endlager
[78] https://www.merkur.de/politik/atomkraft-streit-kernergie-deutschland-frankreich-scholz-macron-ampel-gruene-atommuell-endlager-klimaneutral-91201422.html
[79] Die Rückkehr der Kernkraft – Warum Atomenergie unsere Zukunft ist, Andreas Dripke, Hang Nguyen, Marc Ruberg, 204 Seiten, Paperback, ISBN 978-3-947818-95-2
[80] https://www.merkur.de/welt/china-kernfusion-atome-reaktor-150-millionen-grad-celsius-temperaturen-forschung-kuenstliche-sonne-zr-90126663.html
[81] https://www.ipp.mpg.de/ippcms/de/pr/fusion21/kernfusion/index
[82] https://www.focus.de/auto/elektroauto/power-auch-fuer-elektroautos-sechsmal-heisser-als-die-sonne-loest-chinas-fusions-reaktor-unser-stromproblem_id_12681091.html
[83] https://www.zeit.de/wissen/umwelt/2013-10/atomkraft-risiken-bill-gates/komplettansicht

[84] https://www.tagesspiegel.de/wissen/pro-und-contra-der-atomenergie-brauchen-wir-kernkraft-gegen-die-klimakrise/25389314.html

[85] https://www.sbfi.admin.ch/sbfi/de/home/themen/internationale-forschungs--und-innovationszusammenarbeit/beteiligung-der-schweiz-an-internationalen-forschungsorganisatio/iter.html

[86] https://taz.de/Energie-durch-Kernfusion/!5707537/

[87] https://www.deutschlandfunknova.de/beitrag/small-modular-reactors-kleine-atomkraftwerke-sollen-jetzt-am-fliessband-produziert-werden

[88] https://www.tagesschau.de/ausland/atomreaktor-entwicklung-usa-101.html

[89] https://www.scmp.com/news/china/science/article/3224183/china-gives-green-light-nuclear-reactor-burns-thorium-fuel-could-power-country-20000-years

[90] https://legitim.ch/explosiv-china-nimmt-stillschweigend-den-ersten-thorium-reaktor-in-betrieb-waehrend-wir-uns-mit-windraedern-herumschlagen/

[91] https://www.novo-argumente.com/artikel/polen_setzt_auf_kernenergie_in_allen_formaten

[92] https://zeitung.faz.net/faz/wirtschaft/2023-07-28/globaler-kohlehunger-waechst/920187.html

[93] https://www.eurovision.de/news/ESC-2023-Warum-Deutschland-so-wenig-Punkte-bekommen-hat,punkteverteilung160.html

[94] Studie der Volkswirte des Verbands Forschender Arzneimittelhersteller (vfa) aus dem Jahr 2023

[95] https://zeitung.faz.net/faz/wirtschaft/2023-05-31/b12b4075954713e7317bb21c5d118300/

[96] https://www.handelsblatt.com/politik/deutschland/iw-studie-schleichende-investitionsflucht-standort-deutschland-in-gefahr/29225468.html

[97] https://www.handelsblatt.com/politik/konjunktur/nachrichten/standortpolitik-so-viele-deutsche-firmen-wie-seit-15-jahren-nicht-wandern-aus-kostengruenden-ab/29084292.html

[98] https://www.tagesschau.de/faktenfinder/staatsverschuldung-100.htm

[99] https://www.bild.de/politik/inland/politik-inland/existenzbedrohende-energiepreise-habeck-gesteht-wohlstands-kollaps-85896358.bild.html